湖南省哲学社会科学基金项目：湖南省两型技术产学研协同创新效率提升路径研究（15YBB031）

技术与市场驱动下产学研协同创新效率研究

◎刘 琦 张 伟 著

吉林大学出版社
·长春·

图书在版编目(CIP)数据

技术与市场驱动下产学研协同创新效率研究 / 刘琦，张伟著．— 长春 ： 吉林大学出版社， 2020.9
ISBN 978-7-5692-6234-6

Ⅰ．①技… Ⅱ．①刘… ②张… Ⅲ．①企业—产学研一体化—研究—中国 Ⅳ．①F279.23

中国版本图书馆CIP数据核字(2020)第045574号

书　　名：技术与市场驱动下产学研协同创新效率研究
JISHU YU SHICHANG QUDONG XIA CHAN-XUE-YAN XIETONG CHUANGXIN XIAOLÜ YANJIU

作　　者：刘　琦　张　伟　著
策划编辑：邵宇彤
责任编辑：宋睿文
责任校对：李潇潇
装帧设计：优盛文化
出版发行：吉林大学出版社
社　　址：长春市人民大街4059号
邮政编码：130021
发行电话：0431-89580028/29/21
网　　址：http://www.jlup.com.cn
电子邮箱：jdcbs@jlu.edu.cn
印　　刷：三河市华晨印务有限公司
成品尺寸：240mm×170mm　　16开
印　　张：11.5
字　　数：212千字
版　　次：2020年9月第1版
印　　次：2020年9月第1次
书　　号：ISBN 978-7-5692-6234-6
定　　价：49.00元

摘要

互联网技术的高速发展拓宽了信息的传播渠道，信息的获得越来越便利，企业原本依靠信息不对称获取商业利益的方式已变得越来越艰难，创新成为企业获取高增长和保证高收益的最重要手段。市场需求的多样性和知识更新换代的快速性使企业创新越来越复杂，资源不足、时间短缺和能力不强使企业面临创新失败和出现无用创新的可能性进一步提升，加之激烈的竞争环境，不断促使创新主体更多地选择合作。合作创新能够有效利用各主体间的资源，产生资源互补和知识外溢效应，避免由于知识和信息的匮乏而陷入创新陷阱，导致创新失败。作为合作创新的主要模式之一，产学研协同创新综合了利用企业的资金和制造优势、学研机构的知识和人才优势，以及其他主体的信息、渠道等优势，通过高效利用资源、降低创新成本、分散创新风险，实现各协同方的创新目的。尽管产学研协同模式已经成为主体实现创新目的的主要手段之一，但协同创新的成功率和有效性依然有待提升，这归因于主体创新目标的盲目性和对创新驱动力量的认识、利用不足。因此，探索产学研协同创新背后的驱动因素，以及其对协同创新效率的影响，能够为进一步提升产学研协同创新驱动力，提高创新效率提供借鉴与指导。

本书以产学研组织的主体之一——企业为视角，对驱动企业进行产学研协同创新背后的因素以及这些因素对企业产学研协同效率的影响进行研究。从竞争、能力等理论出发，深度剖析企业进行产学研各不同阶段的技术和市场驱动因素，探索这些因素在各个阶段对企业产学研协同效率的影响与作用大小，进一步通过对企业属性分析，得出不同属性企业在进行产学研协同创新过程中受技术和市场驱动的影响差异；利用博弈研究方法，对技术驱动和市场驱动背景下的产学研组织各主体间的策略行为进行分析，仿真得出主体不同策略下产生的收益差别；通过构建技术驱动和市场驱动下企业产学研协同创新效率概念模型，利用问卷法对自变量——技术驱动和市场驱动，因变量——企业产学研协同效率进行测量，回归分析得出驱动因素与企业产学研协同效率的相关关系，以及不同企业受技术驱动和市场驱动的差异性大小；对C城市群地区在技术驱动和市场驱动下的企业产学研项目的协同创新效率进行DEA评价，从地区和行业层面进行效率比较，得出地区和行业间在不同驱动因素下，产学研协同各阶段和整体效率间存在的差异；最后，利用扎根理论，以A企业作为案例进行企业产学研驱动因素分析，进一步印证企业进行产学研协同创新背后的驱动因素。

企业进行产学研协同创新的驱动力量主要可划归为技术驱动和市场驱动。技术驱动和市场驱动对产学研组织的协同策略及驱动程度存在差异，技术驱动下产学研的均衡条件更为苛刻。技术驱动和市场驱动均正向影响企业的产学研协同效率。在不同的企业性质、不同行业、不同成立年限、不同注册资本额度和员工规模差异背景下，企业所受到的技术驱动和市场驱动程度存在差异。企业产学研协同创新效率在不同地区和行业中体现出受技术驱动和市场驱动的程度不一样，无论地区还是行业，无论是技术驱动型项目还是市场驱动型项目，知识协同开发阶段与知识成果转化阶段的效率同样重要，两者共同决定协同效率的高低。因此，本书认为企业在进行产学研协同创新时，应当对自身现实状况和需求有充分认识，能够根据内外部环境的改变适当调整产学研协同创新行进的方向和进程，有效发挥各类因素的驱动作用，确保实现高效的协同效率和获得丰富的创新成果。

作者

2019年7月

目 录

1 绪论

1.1 研究背景与意义

1.1.1 研究背景

创新一直以来是经济社会向前发展的本质驱动力，人们对物质、文化的需求只有依赖创新才能得以实现，随着科学技术的快速发展，新的增长点也在不断萌发，为重振本国经济，抓住未来发展的制高点，科技鼓励和刺激政策层出不穷，一项又一项伟大的创新计划（如“工业 4.0”“再工业化”“中国制造 2025”等）被列入各个国家的战略之中，中国“新四大发明”——“高铁”“扫码支付”“网购”和“共享单车”无不是创新驱动产业发展的最有力证明。经济的发展也愈发体现出一种新的态势，各产业之间的界限不断被打破，产业间的跨越与融合已经成为一种新常态，行业相互改变、链条相互协同、企业相互合作正成为创新大背景下无法逆转的趋势。

世界经济全球化进程不断加快，外部环境日新月异，不同行业之间的跨界创新成为企业获取核心竞争力的重要手段，其中产学研合作作为行业间跨界创新的典型，将产业中的市场创新与学研机构的技术研发创新相结合，使各种创新资源的效用更为显著。由于改革开放所带来的红利，我国已经成为世界第二大经济体，人民的生活水平逐步提升，国家实力全方位得到提升，但是粗放式的经济增长使生态环境受到巨大的破坏。如今，我国经济发展正处于高速发展向中高速转变的过程中，已经进入发展的新常态阶段，为了保护人类赖以生存的生态环境，获得可持续性的经济发展新引擎，必须结合现有的国情，坚定不移地实施创新发展战略，以创新为第一动力，加速传统产业的转型升级，使经济实现高质量的稳定增长，解决经济发展不充分、不协调的问题。产学研协同创新作为创新的重要形式，将企业、学校、科研机构所拥有的创新资源进行充分融合，最大化地利用科研资源，并以市场需求为导向，提升科研成果的市场转化率，加强企业与学研机构的深度合作，发挥创新资源更大的创新效益，实现各个创新组织协同创新、共同发展。其中，不同的创新组织所具备的创新资源偏好性不一样，企业倾向市场，学校和科研机构则倾向技术研发，产学研协同创新在市场创新、技术创新的双重驱动下不断发展。

在 2017 年举办的中国产学研合作创新大会上，李克强强调产学研合作对创新发展的重要作用，要运用现有的高新技术手段，打造多元主体协同创新的平台，突出企业的市场主体地位，建立产学研协同发展的技术创新体系，有效破解技术难题，加速科研成果转化，为我国经济发展和综合国力提升助力。产学研合作已成为全国促进技术创新和转化的一种重要手段，它是技术创新的主要发展路径之一，是迅速提高企业创新能力的一条捷径，也是高校、企业自身发展壮大的必然选择。近年来，我国对产学研合作的重视程度逐渐提升，通过相关优惠政策的引导，大力促进企业与学研机构间的合作，聚集市场和研发等方面的人才，投入大量的资金，使产学研合作在推动国家经济发展方面取得了显著的成效。一方面，企业作为产学研合作的主体之一，其地位举足轻重，在技术研发、市场化等各个阶段增大研发投入，特别是市场化阶段；学研机构是技术研发的主力军，能够有效提供专业的科研人员与机械设备，从企业、政府等方面获得科研经费，并且提升技术市场化的转化率。另一方面，随着产学研合作模式的不断成熟化，不再拘泥于传统的校企合作模式，政府加强对产学研合作项目的引导，使产学研能够承担国家重点科研项目，扩大其合作主体的范围，更加符合市场发展规律，形成跨行业、跨组织的特色模式。此外，产学研合作成为信息资源交互的重要平台，如国家重点实验室、科技研发中心等，使各种技术创新资源得到共享，促进了信息资源的价值实现，有效提升了产学研协同创新效率。

多年来，我国产学研合作的理论研究与实践已取得了一定的成绩，但同发达国家相比，我国的产学研合作起步较晚，产学研的稳定和成熟程度亟待进一步提升。与西方发达国家相比，我国产学研的形成与发展在很大程度上依赖于政府行政手段的驱动，但企业、高校和其他第三方组织自发地去寻求产学研协作的意愿欠缺，且各协同方在产学研创新过程中的自身定位、内部动力和目标意识明确性较弱。我国目前高等院校和科研机构的专业技术人员近 4 000 万，直接从事研究开发的人数超过 120 万，如此大规模的创新人才所开发出来的成果转化率却依然较低，有技术成果的人找不到转化出路，而急需技术的企业又很难找到所需的新技术成果，除反映出产学研成果转化机制和转化平台有待加强外，也反映出高校、科研院所在创新过程中与市场的脱节。同时，我国企业总体 R&D 经费（全社会研究与试验发展经费）占企业销售收入的比重不足 2.5%，与研发经费占销售 5% 以上企业才有竞争力的距离相距甚远，反映出企业对技术开发创新的重视程度较低。[1] 此外，我国产学研合作规模和机制问题导致产学研合作投入效率并不是很高，产学研合作对区域经济发展的推动作用不是太强，产学研合作对企业自主创新能力的影响效果并不是很显著。[2] 从整体上看，我国目前产学研协同创新表现出创新动力不足、科技中介服务机构服务能力不足、高校科研成果市场对接能力不强、产学研协同创新机制不健全等问题。

基于以上背景，本书拟从产学研协同创新的驱动因素着手，综合运用多种手段和方法，深入分析技术驱动和市场驱动模式，以及在两种模式下产学研协同效率的差异，以期对我国当前产学研协同创新效率提升提出政策建议，为我国科技创新和科技强国之梦贡献力量。

1.1.2 研究意义

产学研协同创新已经在许多国家、行业、技术的发展上体现了其无可替代的优势，近年来我国产学研发展取得了巨大的成就。进一步提升我国产学研协同创新的效率，有助于深度改革下资源的充分利用，弥补单个主体创新资源的不足。深入探讨产学研协同创新的驱动力与影响因素，能够更好地明确协同主体的任务、分工与目标，从而指导产学研协同创新的进行，有着重要的理论与现实意义。

理论意义：通过对已有研究成果的总结梳理，将产学研协同创新的驱动力划分为技术和市场两大部分，并且深化了技术驱动和市场驱动与产学研协同创新之间的影响。同时，引入消费者作为市场驱动下的博弈方，创新性地研究了消费者不同行为下对企业的产学研协同效率的影响。最后，通过问卷调查和案例分析进行实证研究，探讨了技术驱动与市场驱动对产学研企业协同创新效率的影响效率，以弥补产学研协同创新技术与市场驱动力缺乏实证研究的理论现状。

现实意义：采用现场调研、问卷调查和回归分析，分析了技术驱动和市场驱动下对产学研企业协同创新的影响，利用链式 DEA 模型对 C 城市群地区企业的产学研协同创新效率进行了测量，探讨了技术驱动和市场驱动下三地产学研协同创新效率间的差异，实证研究的结果能够有效帮助企业在开展产学研协同创新过程中识别自身需求以及产学研协同过程中效率不高的根本原因，为地方政府提升产学研协同创新效率制定相关政策提供参考。

1.2 相关概念

1.2.1 产学研合作

传统意义上的产学研侧重技术供需方合作，主要是指企业结合自身发展战略，根据市场环境的变化而产生技术需求，而高校、科研机构作为技术供给方，进行技术合作研发。如今，产学研更加强调技术创新资源的有效组合，以企业、学校、科研机构为主体，在技术研发、市场化等各个发展阶段，各个主体将各自的优势相结合，保证产学研的技术研发合作效率，提升技术研发的市场转化率。产学研是技术创新系统的重要组成成分。一般意义上的产学研是指企业、高校与科研机构的战略性合作，其相关内涵分为广义、狭义两类。广义上的产学研是集人才培养、技术研发、技术市场化于一体的合作，涉及技术发展的各个阶段。狭义上的产学研是指企业、高校和科研机构以技术创新研发、市场化为目的，双方本着平等互惠的原则成为技术创新主体的合作伙伴。[3] 产学研是三个独立名词的组合，“产”表示市场各行各业的企业；“学”表示学术界中的各个高等院校，具有科学技术研发的实力；“研”泛指科研院所，具备专业化的人才和设备。[4]

在产学研合作过程中，企业、高校、科研机构等多个主体在动态的外部环境下，以资源共享、利益共享、风险共担的原则，充分发挥各自的优势与特色，针对科学技术的研发阶段、市场化阶段等，实现资源的有效配置，从事科研、产品服务创新、人才培养等多元化活动，保证资源价值发挥的最大化。一般情况下，在产学研这一合作模式中，企业占据主导地位，主要是提供技术创新整个过程中的资金；高校和科研院所起辅助功能，以专业化的科研人才与装备设施参与技术创新。除此之外，政府和中介机构作为社会主体也对企业与高校、科研机构之间的合作关系起着重要的辅助作用。产学研是一个系统性、综合性的合作组织，运作模式能够使各个主体形成利益共同体，减少单一个体所承担的风险，为主体带来应有的回报。因此，产学研是以企业、高校、科研院所为合作主体，以政府、中介机构为社会重要参与者，为了各自的目标共同采取的合作行为。在现有的市场经济状态下，企业虽然具备市场性资源以及市场敏感度，能够为技术创新带来具有前瞻性的市场指导，但是仍然需要与外部主体进行合作，高校、科研机构的专业性人才、科研设备都是企业进行技术创新所需的创新资源，能够为企业减少一定的运营成本，弱化技术创新的风险，保证企业的技术创新收益。高校和科研机构由于侧重技术的研发，与市场存在一定程度的脱节，导致大部分科研成果仅停留于实验室，未能真正走进市场，因此高校和科研机构需要将在科研人才培养、技术研发方向等方面的重心适度偏移至市场，同时与企业合作，深化产学研合作程度，以提升科研水平和科研成果的市场转化率，进一步助推市场经济的发展，实现科研资源的市场化价值。为了保证产学研合作产生技术创新成果的利益最大化，政府作为宏观调控的主体，可以出台与产学研相关的利好政策，为产学研合作提供有力的政策保障和政策导向。

产学研是以企业、高校和科研院所为主体，以政府、中介机构等为社会重要参与者，以资源共享、利益共享、风险共担、平等互惠为原则，充分发挥各自的优势，是为了实现技术创新成果的市场化所建立的合作关系，有助于促进各个主体核心竞争力的提升。

1.2.2 协同创新

“协同”由希腊语“synergos”演变而来，最初的意思是“共同工作，同步产生效能”。由于各个主体将所拥有的资源进行分享，每个主体不再是一个个独立的个体，主体间所产生的协同效应使其成为合作共生的密切联系。[5]Markusen（2003）[6]认为，创新协同能够运用在社会经济领域，产业集群、区域网络等能够体现出协同创新的优势，有助于完善产业组织相关理论体系，促进产业经济的发展。Maggioni 等（2007）[7] 从技术、专利等创新资源共享的角度去阐释协同创新，认为协同创新能够以资源共享为平台，使各个独立的主体成为一个系统化、规模化的创新网络，以保证达成共同的创新目标。胡恩华、刘洪（2007）[8] 认为，协同创新是多个主体共同合作的动态过程，各个主体将各自的创新资源进行有效的配置，从而产生 1+1>2 的协同效应，实现共同的创新目标。陈劲、阳银娟（2012）[9] 将协同创新视为一种规模化、系统化的创新组成模式，其主体包含企业、高校、科研机构、政府、中介机构等，以技术创新为目的实现资源共享、利益共享。

根据众多研究学者对协同创新的内涵阐释，协同创新具有以下特点：一是资源的综合化。协同创新使各个主体所拥有的资源共享，打破独立主体资源的封闭化，在主体间形成资源的有序流动，以资源的综合化形成更大的创新效应。二是合作创新的规模化。多个主体之间的协同创新必然是通过合作所达成的共识，而多个主体间的合作造成创新组织的规模化，减少了单一主体进行技术创新失败的风险，有助于提高技术创新的成功概率。三是合作创新的系统化。协同创新会产生一个多主体的创新组织，在技术创新研发、市场化等一系列过程中，可以将这一创新组织视为一个系统化的整体结构。

协同创新是通过创新主体间的合作产生协同效应以达到技术创新的目标所形成的一种创新模式，这是一种涉及多主体的创新组织。协同创新体系实现了创新所需的知识交流和资源整合，它涉及不同行业、不同性质等相关主体。[5] 协同创新使原本无序状态下的各要素整合成了有序化，有利于研发人员在复杂条件下提高创新效率；通过协同各要素之间的相互依存、合作、共享等关系，形成了创新的综合整体效应，克服了独立创新中自我探索所带来的创新局限性；始终关注着各层面的资源协同度，运用系统工程思维，将创新的过程和创新的对象都视为众多要素或子系统构成的复杂系统。

1.2.3 协同效率

"效率"是指针对社会资源的优化利用程度，是可以用于衡量社会资源的利用率。通过对国内外文献的研究，学者大多从创新资源的投入与产出方面对协同效率角度界定创新效率。Afriat（1972）[10] 认为，效率受投入与产出状况影响，当资源的投入相同时，产出与效率成正比。池仁勇（2004）[11] 将效率的大小用来判断生产方式的有效性，认为如果企业通过采用某种特定的生产方式，能以较小的创新资源投入产出较大的效益，那么该种生产方式可以认定为有效。总的来说，创新效率本身具有相对性，是指创新资源的投入与所产出的创新效益之比。当产出的创新效益恒定，创新资源的投入与协同效率成反比；当创新资源的投入恒定，产出的创新效益与协同效率成正比。可见，创新效率反映的是在构建创新活动投入产出实际前沿面的基础上，创新主体的真实创新产出与理想创新产出之间的距离，它描述的是一种创新投入 – 产出关系。

协同效率正是反映出多个创新主体间的创新效率综合化，整体的创新效率要大于单一创新主体之间创新效率的简单相加。这样一种价值不仅体现在结果价值，还体现在过程价值。具体来说，产学研组织的协同整体上能够分担独立主体在创新过程中的实际支出成本和面临的风险成本，整体上平均后的成本将低于主体独立创新时的成本。企业通过产学研协同创新降低创新成本，加快成果获取和转化，从而快速提升盈利能力，这有利于加强自身竞争力。协同效率以两种主要形式对企业产生优势：其一，互补效应。不同主体往往所拥有的资源不一样，而创新又是多种资源交互后的产出物，可以通过协同，合理配置资源，使资源充分发挥效用，达到良好的协同效应。其二，共用效应。很多资源尤其是知识和技术资源并不会因为协同分享而减少，而是会被进一步利用产生更多的资源，可以通过这种低成本分享达到资源的再生与扩散，达到共用效应。

1.3 研究思路及内容

1.3.1 研究思路

本书主要以产学研中的企业为主体，通过对相关研究成果和有关理论的梳理，利用演化博弈，从技术驱动和市场驱动对产学研协同创新的影响进行仿真分析；通过问卷调查和回归分析方法，对技术驱动和市场驱动下企业的产学研协同效率的影响进行实证研究，分析不同企业类型的差异性；采用 DEA（数据包络分析）评价方法，对 C 城市群地区产学研协同效率差异进行实证分析；在以上研究基础上，提出提升产学研协同效率的有关政策建议。研究思路如图 1-1 所示。

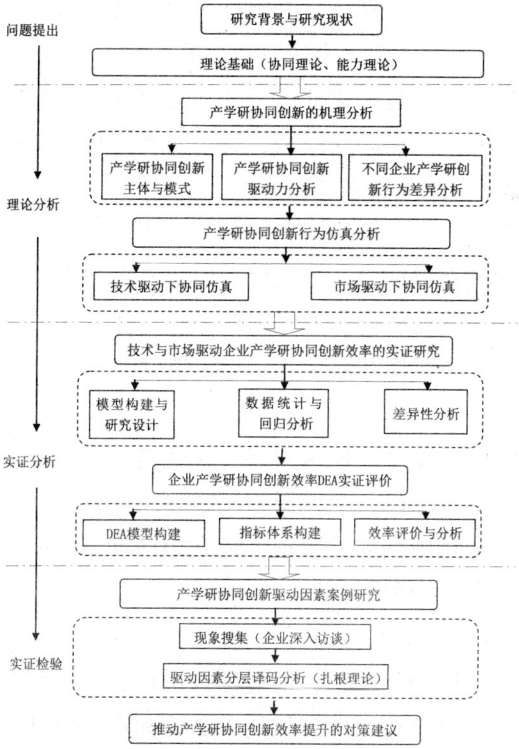

图 1-1 研究思路和逻辑结构

1.3.2 研究内容

本书基于创新背景下产学研协同创新这一创新方式，对已有文献进行梳理分析，结合竞合理论、动力理论，以企业为研究视角，从技术和市场两方面对产学研协同背后的驱动因素及其影响机理进行深入挖掘，并通过实证研究对技术与市场驱动下产学研协同创新效率的影响进行回归分析和效率差异评价，案例研究则进一步验证了研究内容与研究的可靠性。

（1）绪论。通过对当前全球创新大背景以及产学研协同创新的意义和不足的分析，明确了本书研究的必要性，界定了相关概念，阐述了本书的主要研究思路、方法与创新之处。

（2）相关理论与文献综述。对产学研的内涵及驱动因素、相关理论和已有文献研究成果进行整理和分析，通过概念梳理、方法论阐述和成果归纳总结，为后文的研究进行理论铺垫。

（3）产学研协同创新机理分析。对产学研协同的构成要素、协同构成模式进行归纳，在此基础上，从技术驱动与市场驱动产学研协同创新着手，深入分析探讨两种主要驱动力如何影响产学研协同创新效率。

（4）产学研主体协同创新博弈分析。利用竞合理论，分别从技术和市场两个方面构建产学研主体间的演化博弈模型，通过仿真分析，获得博弈均衡点，并对演化博弈的仿真结果及其影响因素进行分析。

（5）技术和市场驱动产学研协同创新效率的实证研究。将产学研协同创新的技术驱动和市场驱动分别归纳为三个维度，构建六个维度产学研协同创新的概念模型，通过现场调研、问卷调查的方式获取数据，建立回归模型，对数据进行回归分析，探讨不同属性公司在技术驱动、市场驱动和产学研协同效率三个方面存在的差异。

（6）产学研协同创新效率的 DEA 评价。采用链式网络 DEA，构建产学研协同创新效率模型。通过现场调研、问卷调查，收集湖南省各地区的高新企业与高校和科研机构进行产学研协同创新的数据，建立协同创新效率的评价指标，并对湖南省的产学研协同创新效率做出评估。

（7）产学研协同创新驱动因素案例研究。根据前文的研究内容，选取较为典型的企业作为产学研协同创新案例，通过深入访谈，利用扎根理论提取企业产学研驱动因素，验证以上研究结论，并从技术驱动和市场驱动两方面对产学研协同创新提出政策建议。

（8）研究结论与展望。基于前文的研究，归纳所取得的研究结论与成果，并总结本书存在的不足和未来可深化研究的内容。

1.4 研究方法

本书在文献研究和理论分析的基础上，引入多种成熟的研究方法，对促使企业进行产学研协同创新的两类驱动因素及对企业产学研协同效率的影响进行了深入分析，主要研究方法如下。

（1）归纳与总结。通过对已有的关于产学研及协同创新的研究进行整理归纳，总结当前研究存在的不足，得出本书研究的理论和现实意义。同时，基于前人的研究，对本书的研究机理进行深入分析。

（2）理论与实证研究。基于竞合理论，利用演化博弈对产学研各主体间协同策略行为进行博弈仿真分析，得出各协同方为获得各自最大收益的均衡点及主要影响因素；利用问卷调查、回归分析、DEA 评价和案例等实证方法，对技术和市场驱动下的企业产学研协同创新进行实证分析。

（3）定性和定量分析。利用已有文献，对技术驱动和市场驱动对企业产学研协同创新效率的影响进行定性分析，利用问卷数据、访谈数据对两种驱动下企业产学研协同效率进行量化分析检验，以证实定性分析结论。

1.5 本书可能的创新点

（1）从动力理论归纳了企业产学研协同创新的内在驱动因素——技术驱动和市场驱动，并将这两类因素细化出六个二级维度。与以往从内部驱动和外部驱动两个层面研究企业产学研协同创新驱动因素相比，本书将驱动因素进一步内化，概括为技术和市场两个企业产学研协同创新的原始驱动因素，在此基础上，通过总结已有文献，将零碎化的驱动因素归化为技术驱动下的技术需求、技术投入、技术开发和市场驱动下的市场需求、市场竞争和客户满意六大维度。在技术驱动和市场驱动六大维度上，构建了产学研协同创新技术驱动与市场驱动测量量表体系，并通过案例利用扎根理论进一步证实了技术和市场作为企业产学研协同创新的驱动力量，丰富和完善了产学研协同创新的理论研究体系，为后续研究提供了新的切入点和理论依据。

（2）分析、探讨了技术和市场驱动情境下产学研各协同主体间的策略均衡。在技术驱动和市场驱动两种不同情境下，企业进行产学研协同的目的存在差异，本书通过仿真对两种情境下企业与学研方的协同创新行为进行分析，得到两种情境下各协同方策略的均衡点，为创新主体产学研合作行为提供了借鉴。在市场驱动情境下，创新性地引入消费者作为产学研协同的博弈方，深入分析了不同类型消费者和消费者不同行为对产学研协同的影响，补充了消费者作为创新主体对产学研协同创新影响的研究。

（3）利用实证数据分析了技术和市场驱动对产学研协同创新效率的影响。技术驱动和市场驱动两个概念在已有的研究中，学者仅简单地对其进行了理论上的分析，并未深入探讨构成这两种驱动的要素，且很少对两者对产学研协同创新效率的影响进行实证分析。本书通过问卷调查、DEA 评价方法充分研究了现实中这两者对产学研协同效率的影响，弥补了技术驱动和市场驱动影响产学研协同创新的实证方面的研究，丰富了产学研的研究成果。同时，通过扎根理论对研究的自变量——技术和市场驱动因素进行案例验证，证实技术和市场作为企业产学研协同创新的驱动影响。

2 相关理论与文献综述

2.1 产学研相关研究

2.1.1 产学研内涵

产学研合作起源于20世纪初期，指的是从事商品生产的企业和从事教育研究的高等院校间的合作。尤其是随着“硅谷模式”的巨大成功，全球产业界和学术界掀起了产学研合作及研究的热潮。产学研作为实现创新的重要途径和手段，整合了社会各个方面的资源，利用各自的优势将创新的各个阶段从源头到使用全过程打通，提高了创新效率和成功率，成为推动技术发展和社会进步的重要力量，也得到全社会的普遍认同，获得更多的支持与投入。

刁丽琳（2013）[12]从知识转移的角度看，认为产学研通过共同开展技术创新活动，将主体各自拥有的内部知识共享，形成合作组织共有的知识库，便于组织内部对知识的获取、内化与利用，使技术创新能够尽早进入研发、市场化等阶段，进而实现各自的战略目标。黄青（2016）[13]将产学研视为跨越学术、产业领域的合作组织，政府通过制定相关政策引导产学研的发展，各个主体共享自有的知识以实现技术创新的阶段跨越，保证所获得技术创新效益的最大化。李志强等（2005）[14]认为产学研的合作模式是以技术创新为主要研究活动，将多个合作主体的创新资源共享、优势互补，提升资源的利用率以及科研成果市场化的成功率，有助于加强企业、学研机构的竞争力。吴宏元、郑晓齐（2006）[15]认为产学研之间的合作必然建立在平等互惠的基础上，企业、大学、科研机构之间交换异质性知识以实现创新资源互补，从而有效地达成技术创新目标。杨东升等（2007）[16]认为产学研要经过科研立项、科研成果化、技术市场化等一系列过程，企业、大学、科研机构作为创新主体，在合作过程中的某一阶段或者多个阶段会建立资源共享、风险共担的友好合作关系。从知识管理的角度，姚威（2009）[17]把企业、大学、科研结构视为产学研的主要主体，把政府、中介机构、金融机构视为产学研的参与主体，扩大了产学研的主体范围，各个主体在知识流动、知识吸收、知识利用等多个动态阶段以技术研发、市场化为目的从事技术创新活动，从而更好地成为市场经济发展的助力。陈满新（2017）[18]认为产学研是以企业、大学、科研机构为主体，政府部门、中介机构、金融机构等其他主体发挥辅助性支撑作用，通过主体之间的契约形成合作关系，各自的创新资源要素相互流动、内化、创新，从而构成一个系统化、综合化的整体。

伴随着全球化和知识经济的发展，产学研合作代表的内涵也进一步拓展，所包括的主体也越来越丰富，合作的形式和范围也不断改变，各主体间的关系更加复杂，产学研合作的作用也愈发凸显。产学研合作的创新过程起初由于某一项技术或市场需求而进行合作，伴随各主体间的互动和交流，各方之间的关系也得到了深化，形成了一种长期的合作组织。

2.1.2　产学研合作的动因

从交易成本研究的视角，国内外研究学者指出产学研在完成各自主体战略目标的合作过程中，资源互补、信息沟通等活动所产生的合作成本高低直接影响合作的持久性以及合作效益。[19]在合作过程中，产学研内部各个主体之间的谈判、沟通等活动需要合作双方付出一定的成本。此外，产学研合作会使得双方的信息、人才等资源要素进行有效互补，技术创新成功与否的风险共同承担，并且减低各自的创新合作成本。当合作所承担的风险与成本大于企业或学研机构的独自创新，企业或学研机构就会选择与外部主体合作。[20]由于创新本身是一种对未知进行研究的复杂工程，创新的结果具有较高的不确定性和风险。Agrawal（2001）[21]认为企业作为市场的主力军，提升技术创新能力的重要途径之一就是与科研机构、高校进行合作，将企业的市场资源与科研机构、高校的科研资源有机结合，增强自身的创新实力，分担创新的风险，促进企业核心竞争力不断提高。由于企业具有有限理性，企业决定是否与其他创新主体合作的关键在于合作成本是否能低于内部研发成本，此时需要衡量内部运营成本以及合作主体相关创新条件的匹配程度。[22]Liu（2001）[23]采用实证研究的方法，认为中国企业大幅度增加对高校、科研机构的资金资助是由于外部合作创新成本要低于企业独自创新成本。祖廷勋等（2006）[24]认为产学研合作目的主要是实现各主体收益的最大化，创新主体需要充分考虑外部环境的影响以及合作运营成本所产生的博弈互动关系。Eom 和 Lee

（2010）[25]研究产学研合作动机的影响因素，实证结果表明主体间创新成本分担对产学研合作有较大的影响。

从资源研究的视角，已有文献研究认为产学研合作为企业等主体实现技术知识资源补充提供了重要渠道。企业面临创新资源不足，且市场上缺少对应可直接购买的资源时，通过与市场其他创新主体（如学研机构）建立合作伙伴关系，利用各自优势资源投入获得创新所需要素。在合作创新过程中，企业拥有一定的市场资源，高校和科研机构则拥有技术研发资源，将各自所具备的创新资源进行有效互补，有助于提升技术创新成功率。[26] Nohria 和 Garcia-Pont（2002）[27]认为区别于独立创新，跨组织合作创新产生的缘由之一就是为了将原本分散的市场资源进行整合，以弥补独立个体的不足。Hiroyuki 和 Junichi（2013）[28]基于高校、研究机构的视角，指出这一类技术研发者与企业进行合作的主要原因在于能从企业获得相应的研发资金以及专业化知识。在技术研发阶段，以高校和科研机构为核心，辅以企业的相关市场指导，能够使技术成果转化率得到提高，创造更多的市场价值。在技术市场化阶段，以企业为主体，辅以高校和科研机构的相关技术研发改进，保证技术创新不断完善、优化，更加符合市场化趋势。由此可知，创新资源的互补程度会影响到产学研合作。[29] Nohria（2002）[27]研究表明利用外部环境的相关创新资源是多元主体之间合作的动因之一。Grant（2001）[30]通过相关产学研合作动因研究，认为高校、科研机构与企业合作动因主要在于企业具备研发经费、市场资源等创新资源。Perkmann（2007）[31]、Patel（2007）[32]认为企业与高校、科研机构的合作动因主要在于高校、科研机构具有专业的研发人才、专业设备等创新资源。

从动态能力研究的视角，已有文献研究认为创新主体在选择合作对象时，要充分考虑技术创新合作对自身可持续性发展的利弊之后才能做出决策。此时，创新主体关注的不仅是目前的收益，更是未来的发展前景。Cyert 和 Goodman（1997）[33]将产学研合作视为合作双方相互学习、共同成长的机遇。吕海萍等（2004）[34]采用实证研究的方法，认为高校参与产学研合作的动力主要是未来的发展需要，希望能够借助产学研合作的平台不断强化自身的科研能力。在产学研合作过程中，企业除了关注合作创新成果的市场化之外，还应该注重学习高校、科研机构的研发模式，吸取其技术研发、人才培养等经验，有助于优化企业运营战略，促进企业长远发展；高校、科研机构除了研发相关技术创新之外，也应该向企业学习相关市场化知识，将其合理运用到自身的科研、教学等方面，培养出更多的科研人才，增强自身的科研能力。

2.2 协同创新相关理论

2.2.1 协同理论

“协同”的意思即指合作、协作，“协同学”意即协作作用的科学。Ansoff（1965）首次提出“协同”这一概念，将其用于描述不同企业之间的战略合作关系，认为企业间的协同意味着企业间就某一意向达成一致、相互配合，产生协作效应。他确定了协同在经济管理领域中的内涵，表明协同是一个增值的过程，各个组成部分可以通过协同发挥“1+1>2”的效应。协同理论由 Haken（1971）首次提出，其将协同理论用于描述复杂开放的系统中各个组成部分之间自发运动由非平衡状态到相对平衡状态的过程，并建立一门新的学科，主要研究在不同系统中子系统运作规律的共性，研究对象可以是社会、个人、企业等，研究对象的不同会使子系统也随之改变，正是由于子系统之间的相互协作才会使整个系统具备一定的功能和效用。

协同理论强调整体大于部分之和的作用，并且属于自组织理论的范畴，可用于研究系统内部自组织的运作规律，其主要内容可分为三个部分：协同效应、伺服原理和自组织原理。

（1）协同效应

协同效应是通过协同所发挥的效应使整体发挥增值的作用，是复杂开放系统中各子系统之间相辅相成所形成的整体效应，因此协同效应又称为增效作用。不论是生态系统还是社会经济系统中，协同效应能够使系统内部的资源得到有效的利用，形成内部动力，使各个组成部分达到有序状态，从而发挥出系统所具备的强有力功能。樊治平等（2007）[35]认为不同创新主体之间为了实现技术创新，增强核心竞争力，可以通过协同的方式将各自拥有的知识资源进行合理的优化利用，进行系统性的知识管理与整合，从而采取有效的合作决策。协同理论在管理学领域的应用拓宽了合作创新的研究视角，将参与合作创新的各个组成部分——人力、财力、知识等资源、单一主体视为一个整体，研究各个组成部分之间共同协作使系统得到有效创新的运作规律。

（2）伺服原理

伺服原理是指快变量服从于慢变量，序参量可以决定整个系统的运作。Haken

（1984）[37] 构建数学模型用于表示整个系统，并将系统内部的子系统分为两类，即快变量和慢变量，而存在一个或多个慢变量能够决定其他变量的演变进程，进而决定整个系统的演变，这些慢变量就称为序参量。那些为数众多的变化快的状态参量就由序参量支配，并可逐渐地将这一状态消去。Haken 在《协同学引论》中指出，协同效应是由各个行为主体相互之间协同作用造成的，指组成系统的各个子系统之间运作所形成的整体效应。[37] 系统内部序参量之间、序参量与其他变量之间所形成的关系是协同理论的重点研究对象，也是合作效应的外在表现形式。系统处于无序状态时，序参量为 0，此时系统内部几乎只存在其他变量之间的联系；系统处于有序状态时，序参量的值突然增大，此时序参量之间、序参量与其他变量之间存在较多的联系。郭治安（1988）[38] 认为针对一个系统所构建的数学模型，由于设定的参数、临界条件等方面的改变，有可能会使图样呈现不一样的状态；针对不同系统所构建的数学模型有可能产生类似的图样。由此可知，同一系统会随着相应条件的变化而变化，是一个动态变化的过程，而不同系统的运作存在一定的共性规律。Haken（2005）[39] 为了形象化地表示系统的动态发展过程，建立了四个基本协同方程：主方程、有效朗之万方程、福克 - 普朗克方程和广义金兹堡 - 朗道方程。其中，主方程可以用于解释整个系统动态演变的过程中存在的随机性和偶然性状态，有效朗之万方程设定系统外部的相关参数以研究外部因素影响下系统的运作状态，福克 - 普朗克方程采用概率论的方法阐述系统的内部运作，广义金兹堡 - 朗道方程表示系统内各个组成部分相互作用所产生的动态变化。

（3）自组织原理

自组织原理是指系统通过与外部环境进行物质、信息等资源的交换，使各个子系统之间自发形成功能完善的有序状态，有助于促进整个系统不断发展。孙玲（2009）[40] 指出，系统内部的各个子系统之间协作，通过与外部环境的交换改变了子系统之间的连接方式，使整个系统内部呈现出新型的结构特征。在动态的外部环境中，各个行为主体具有一定的资源交换需求，通过一定的中介组织进行资源互换、模式创新等，以强烈的自组织方式形成系统的有序化，产生协同效应。Fuchs（2005）[41] 认为自组织原理本身包含着自发性、内部性的特点，在不受外部环境强制力的约束下，系统内部各个组成部分能够通过资源交换而自主形成一定的空间结构，使系统具备特定的功能。郭治安和沈晓峰（1991）[42] 指出，系统具有一定规律性的生命周期，协同理论主要研究新事物的产生和旧事物的灭亡如何使系统不断演变发展，揭示系统内部的各个组成部分从无序自发演变为有序的运作规律。协同以竞争为前提，通过竞争的手段使系统获得动力。20 世纪 80 年代初期，Poter（1980）[43] 提出了著名的竞争战略理论，其核心是五力模型，将企业相关的主体分为五大类，即同行业竞争者、消费者、替代品、供应者、潜在竞争者，以此研究企业的竞争战略。企业制定战略的基础在于分析自身所处的产业环境、产业优势、市场所处的位势，有助于促进企业核心竞争力的提升。然而，企业运用该理论容易使自身陷入盲目扩张的多元化经营战略。[44][45] Gershenson（2012）[46] 认为不同主体之间的协同需要具备相应的基本条件，主体为了能够通过协同共享优质资源就不得不参与竞争，由此可知竞争会一直存在于协同的整个过程中。竞争使系统内部与外部环境产生一定的差距，其伴随着自组织过程而产生，因此系统一直处于不断的自组织运动中，系统内部一直存在竞争的关系。

2.2.2 能力理论

（1）竞争位势理论

波特（Poter，1980）首先提出竞争战略理论 [47]，该理论主要由五种竞争力量构成，包括企业、客户、供应商、替代方、隐藏的竞争对手。波特认为企业战略规划主要受外部环境的影响，而且其所处的产业起到决定性的作用。行业的差异使市场规则存在差异，五种竞争力量在不同的行业表现得不一样，导致各企业因所处行业和发展水平的不同而获得差异化利润，企业战略因此而被影响。竞争战略理论说明进行企业战略研究的基本单元是行业、企业和产品，通过分析与企业相关的五种竞争力量特征，获得企业在竞争中的位势，进而利用合理战略影响整个产业，尽可能改变某些行业规则以获取更大的竞争优势。优势的获取必然要求企业进行不断的资源投入，建立行业壁垒，给其他竞争力量更高的进入门槛，进而保证优势位势的持续性。

竞争位势理论强调以"结构—行为—绩效"作为主线的产业组织理论与企业战略理论的结合，为企业战略规划和赚取超额利润提供了新的理论诠释。位势理论表明，产出与投入成正比，企业资源的投入决定其获得利润的大小，知识与技术的开发是综合利用人、物、资的结果，这也是构成企业竞争优势的重要基石。

（2）资源基础理论

资源基础理论以潘罗斯（Penorse，1959）[48] 创立的企业内在成长论作为理论来源，尼克莱（Routlegde，1998）[49]、沃尔纳菲特（Wernerfelt，1984）[50] 等学者创立了这一理论。他们认为拥有完善组织结构的企业能够长期盈利的原因在于拥有特殊的稀缺资源，能够生产出其他竞争者无法产出的性价比高的优质产品，这种优势资源要求企业的内部组织和管理完善，完善的组织所产生的优势无法被其他竞争者轻易模仿。相比于波特的竞争优势来源于行业等外部环境，资源基础理论认为优势来源于企业内部，源于企业难以被模仿和具有差异性的特有资源，企业愿意为这类资源的获取而不断投入，保持竞争优势的持续性。因此，资源基础理论的核心思想是竞争优势具有内生属性。

资源基础理论表明，企业选择战略时，企业所特有的资源会成为企业战略选择的前提，如何利用这些专有资源，选择进入相关领域还是直接向市场出售专有资源，企业会通过战略实施进行选择。

（3）动力能力理论

动力能力理论由提斯（Teece，2015）[51]等学者提出。该理论认为企业获得竞争优势的资源来源于四个层面：企业向上游采购的生产要素和从市场获得的共享知识成果，这些企业的最基层资源由于各方均能获取到，无法成为企业的战略要素；企业的专属资源，如外界无法获取的商业秘密、生产工艺、产品组成和结构等，这些资产融合了企业独有的知识和技能，模仿和复制的难度巨大；企业的生产经营能力，即企业的管理水平和资源整合能力，是在企业生存和发展过程中累积而形成，能够敏捷地把握市场，具有高度的市场导向性；企业的动力能力，即企业面对剧烈变化的外部竞争环境，及时调整自身并创新出符合发展趋势的产品和服务的能力，动力能力要求企业有整合内外部资源的组织结构、生产技术、研发资源等，在特定的战略目标下，不断驱动自身获得优势竞争能力。

动力能力理论将企业拥有和可获得的资源作为基础，而整合、吸收、利用这些资源的能力才是企业获得优势的关键。协同创新中，企业整合各主体的资源，如何充分整合利用这些资源成为企业产学研成功与否的关键。

2.3 协同创新驱动力相关研究

由于外部环境日新月异，单一主体的创新难以适应，越来越多的创新主体选择采用协同创新的方法进行合作创新，以提高技术创新的市场转化率。[52] Chapman（2005）[53]指出，创新主体间的协同创新对于各自发展的重要性日趋增加，但是建立协同创新面临不少阻力。张钢（1997）[54]研究表明，企业在组织内部结构变革、制度更新、文化创新等方面缺少协同创新动力。

国内外学者采取不同的方法，得出推动协同创新的重要因素。Lee（2015）[55]认为企业进行协同创新的主要目的是技术创新、改进产品性能、获取更先进的资源等。陈劲和阳银娟（2012）[9]认为科学技术的进步、市场需求的产生以及文化会推动创新主体间进行协同创新。张哲（2009）[56]通过构建产业集群协同创新动力机制，研究表明产业集群内部存在四大协同创新动力子系统，即产业内部驱动、产业外部驱动、技术扩散驱动、自组织驱动，需要各个子系统进行充分的协同运作，才会形成协同创新的驱动力。符刘才（2012）[57]认为校企双方的合作动力主要来源于高校的学术研究需要、企业的市场进入需要。张琼瑜和李武武（2012）[58]基于复杂适应系统理论分析产业集群的协同创新动力机制，其内部动力主要来自收益、文化等方面，外部动力主要来自市场需要、政府引导等方面。熊励（2016）[59]以数字产业为主要研究对象，认为产业协同的主要动力分为原始动力源、创新系统的内部动力、外部动力三个方面，协同创新动力要素有消费者需求、市场竞争压力、利益驱动、技术创新推动等。史宝娟（2017）[60]引用进化心理学的方法，研究结果表明创新主体间的协同创新动力主要来源于双方的利益、商业信用。因此，笔者对国内外学者的研究成果进行总结，得出协同创新驱动因素，具体见表 2-1。

表 2-1　新兴技术企业协同创新驱动因素

主要驱动因素	主要代表学者
技术研发速度、难度等	陈劲、阳银娟，张春阳[61]
市场竞争状况	Padmore 和 Gibson[62]，陈劲、阳银娟，张春阳
环境复杂性等	Ireland R. D. 和 Hitt M. A.，Padmore 和 Gibson
政府政策引导	张春阳，李柏洲、朱晓霞[63]
企业之间的关系，如信任等	Chapman R. L. 和 Corso M.，Freeman[64]，Asheim 和 Isaksen[65],李柏洲、朱晓霞
企业自身战略、规模等	郭宏[66]，尹润峰[67]，张春阳
企业技术、协作等能力	Michael Fritsh[68],Richard Florida[69],Lydia Greunz[70]，吴玉鸣[71]，郭国峰[72]，李柏洲、朱晓霞[63]

2.4 产学研协同创新效率评价的相关研究

2.4.1 产学研协同创新效率评价模型

针对产学研协同创新效率评价模型，学者通过研究总结出产学研协同创新过程中的共性，选取合适的指标，从而建立产学研协同创新效率的评价模型。Bonaccorsi（1994）[73]将产学研协同创新视为一个动态发展的过程，从信息的产生、传递、加工、再造等一系列过程对产学研协同创新效率进行综合性的初步评价，同时将预计创新收益与实际创新收益对比，最终得出关于产学研协同创新效率的评价，其中所涉及的指标主要包括产学研合作关系、信息沟通程度、研发专利数量、合同签订期限。Bulling 和 Eriksson（2016）[74]认为产学研协同创新效率的评价应该注重于对创新成果市场化后对创新主体本身的影响，市场化后的阶段指标更能反映出创新主体的未来发展潜力。范德成和唐小旭（2009）[75]基于宏观层面分析产学研协同创新效率，将产学研看作一个系统化的整体，其协同创新的过程也就是创新资源的投入与创新成果的输出两个阶段，产学研合作主体需要投入一定的创新资源，通过相互协作，将创新资源转化为一定的创新成果，由此对产学研协同创新效率进行可视化的评价。Perlanann（2011）[76]将产学研协同创新分为投入、协同、产出和成果阶段，对每个阶段分别选取代表性指标衡量其效率。投入阶段用人力、物力、财力等创新资源进行衡量；协同阶段用合作研发的配合度、学习能力的变化、创新资源的消耗等进行衡量；产出阶段是用创新成果数量、创新成果带来的收益、高级研发人员的数量进行衡量；成果阶段用解决问题的思路、创新思维的开拓、技术升级等指标进行衡量。Seppo 和 Lilles（2012）[77]指出，产学研合作所产生的专利数量并不能作为唯一的效率评价指标，这仅是产学研协同创新产出阶段的效率评价，还应该注重主体间合作模式、人才培养、长远发展等方面的评价，这样形成的评价指标才更为全面、客观。Irena（2015）[78]认为产学研协同创新效率评价应该侧重于对创新成果带来的社会效益的评价，其社会效益包括对学术研究的影响以及对经济发展的影响，其效率评价应该选用相应的宏观、微观层面的指标进行综合衡量。Pertuze（2010）[79]指出，现有的产学研协同创新效率评价更注重选取市场化的经济性指标进行衡量，虽然能够在一定程度上反映出产学研协同创新效率的高低，但是更应该注重创新成果对创新主体的内在运营方式以及核心竞争力的培养的影响程度，这样才更有利于创新主体的可持续发展。Bulling 和 Eriksson（2016）[80]认为产出阶段的指标是产学研协同创新效率的直接反映，而产出后续阶段的影响指标是产学研协同创新效率的间接反映。

2.4.2 产学研协同创新效率评价方法

产学研协同创新的发展在推动技术升级以及社会经济发展中发挥着越来越大的作用，国内外学者对产学研协同创新效率评价方法的相关研究成果日益丰富。关于产学研协同创新效率评价方法的选择，国内外研究学者采用不同的方法，有平衡计分法（Kaplan 和 Norton，1992[81]；Etzkowitz，2000[82]）、随机前沿分析法（陈勇军，2015[83]；肖丁丁，2013[84]）和数据包络分析（DEA）法等。通过相关文献的分析，大部分学者采用数据包络分析法进行产学研协同创新效率评价。钟鸣长（2018）[85]按照技术的先进程度将我国地区分为两类，即中西部、东部，并建立 DEA 模型将产学研协同创新分为两个阶段，即知识创新、成果转化，由此对我国的产学研协同创新效率进行科学的评价。王秀丽和王利剑（2009）[86]对我国国内不同的省份进行产学研协同效率评价，通过建立一套科学的评价指标，采用 DEA 方法进行实证研究，结果表明我国大部分省份的产学研协同创新效率偏低，对创新资源的利用程度较低，各个省份应该鼓励产学研协同创新，构建一个自由开放的平台，帮助产学研主体相互协作，保证创新资源得到更充分的利用。刘民婷和孙卫（2011）[87]以陕西省制造业为主要研究对象，采取 DEA 方法对不同行业的产学研协同创新效率进行评价，实证结果表明陕西省 10 个制造业中只有 6 个行业的产学研协同创新效率相对有效，而政府投入最多的 4 个行业的产学研协同创新效率均相对无效，产学研协同创新效率低主要是由于产学研合作主体的技术不够先进，未形成规模效应。仇冬芳和胡正平（2013）[88]针对中国省域产学研协同创新建立 DEA 模型，并采用 DEA-Malmaquist 生产率指数法，实证分析了其效率及效率的持续性，研究结果表明中国产学研协同创新效率较低，非 DEA 有效的省区数量占样本的一半以上，创新资源投入产生一定比例上的重复浪费、创新成果产出较少的原因在于在非 DEA 有效区域内存在较多的创新资源的同质性冗余。

产学研协同创新效率的研究主要以投入、产出间的对比为主，其创新的内部过程被认为是一个黑箱，这种研究方法忽略了协同的内部机理及产生的阶段，缺乏局部性和整体性。因此，对产学研协同创新效率的评价应当从投入到中间各个阶段以及最后的成果都应考虑，分阶段对产学研协同创新效率进行评价更严谨、科学，既保证各阶段的独立性，又确保整个协同的整体性。

2.5 本章小结

本章通过对已有关于产学研研究的内容、理论和方法等的梳理，对产学研合作形成和协同创新的驱动因素进行了初步归纳分析，对产学研协同创新效率的评价模型和方法进行了归纳。学者普遍认为产学研是社会资源进行充分优化配置的一种有效手段，各主体通过创新协作，发挥各自优势，低成本、高效率地完成创新活动。构成产学研协同创新的深层次理论基础是协同理论、能力理论。协同理论包括三个主要内容：协同效应、伺服原理和自组织原理。协同效应体现了整体性对个体单一行动所不具备的优势；伺服原理强调协同过程中短板的关键影响，是决定系统成功与否的关键；自组织原理表明在竞争大环境下，系统通过自发进行资源交流达到整个系统形成有序状态，进而促进个体和整体向前发展。能力理论包含竞争位势理论、资源基础理论和动力能力理论。竞争位势理论从行业竞争等外部环境出发，强调投入的重要性；资源基础理论则认为优势来源于企业内部，源于企业难以被模仿和具有差异性的特有资源，企业特有的资源会成为企业战略选择的前提；动力能力理论认为企业获得优势的关键在于整合、吸收、利用所拥有和可获得的资源。协同理论为产学研协同创新各主体之间的关系提供了理论解释，能力理论为产学研协同创新主体进行合作提供了理论支持。

对于产学研主体进行合作的动因，学者主要从内部和外部着手，分别从成本角度、资源角度和能力角度三个方面进行研究。成本角度方面，学者普遍认为产学研各主体进行合作的原因可能是对降低成本与风险的需要；资源角度方面，学者普遍认为产学研主体合作的动因可能是基于资源缺乏，为获取互补资源而采取合作创新模式；动态能力角度，学者认为产学研产生的动因是主体为获取自身能力的需求，着眼于未来可能出现的新技术而进行的技术储备。驱动协同创新进行的因素进一步细化，体现为：技术研发速度、难度等；市场竞争状况；环境复杂性等；政府政策引导；企业之间的关系，如信任等；企业自身战略、规模等；企业技术、协作能力等。

对产学研协同创新效率评价模型的研究，学者主要关注两个方面：一是效率评价的阶段划分，二是效率评价的指标选取。效率评价的阶段划分可归纳为投入阶段与产出阶段，产出阶段又可以划分为成果产出和成果商用化两个阶段，分阶段模型是产学研协同创新效率评价的主流。而产学研协同创新效率评价方法尽管包含平衡计分法、随机前沿分析法和数据包络分析（DEA）法等多种，但学者的研究主要采用DEA这一方法，充分表明了数据包络分析法在效率评价这一领域的适用性。

综合学者对产学研协同创新驱动因素的研究，驱动产学研协同创新的因素来源广泛，不同主体在不同阶段存在不同的需求，已有研究主要将其归类为内部因素和外部因素，而将驱动因素按照其属性进行分类的研究有必要进一步得到丰富。因此，在已有研究驱动因素的基础上，本书认为驱动产学研协同创新的动力归根结底可以概括为技术驱动和市场驱动两大方面，为论证两大因素的存在及其对产学研协同创新效率的影响作用，本书将通过仿真、实证、案例和DEA等方法进行研究与论证。

3　产学研协同创新的驱动机理分析

3.1　产学研协同创新主体与模式分析

3.1.1　产学研协同创新主体特征

1. 协同创新优势分析

创新活动是集合多种资源进行再创造的复杂过程。协同创新（innovation synergy）相比于独立创新更为复杂，是多个创新主体和资源集合到一起，基于协同理论思想，以非线性形式相互作用产生整体协同效应（synergy effect）。协同理论是指在复杂系统环境中，各不同子系统或元素相互作用融合，产生的结果会超越原本单个子系统或要素单独产生的效应总和，即整体效益。协同机理是利用主体间相互学习、效仿、渗透、扩张等机制，形成一套共用的规则，形成高效的组织，创造 1+1>2 的效果。协同创新是充分利用资源，防止资源浪费，高效实现创新目的的形式和途径。

协同创新有效补充资源不足，降低和分散创新风险。利用多主体、多要素整合到一起，共同承担创新的不确定性，减少重复成本。协同创新实现的创新成果属于企业内部成果，避免企业的技术外部依赖。内部自主独立创新研发需要耗费大量资源，包括资金投入、设备投入、人力投入和知识投入，小规模组织很可能陷入创新陷阱，最终被创新拖垮，协同创新在提高核心竞争力的同时，能大量节约创新资源。

协同创新实现资源互补，提高资源利用率。创新主体拥有不同的优势和资源，创新需要多种类型的资源投入，单个组织往往缺乏全类资源，独立创新难度大，协同创新集合各主体的优势，将各自资源进行整合共享，产生优势互补。在协同创新过程中，各主体相互学习和借鉴其他主体的成熟经验，取长补短，实现资源的高效利用。

协同创新利于缩短开发周期，防止重复创新，避免创新陷阱。在互联网经济时代，信息传递简便，技术周期明显缩短，市场需求变化莫测，独立创新由于难度大，创新周期长，不确定性高，可能得到的成果滞后于市场的变化，不但未获得市场，反而遭时代淘汰；而协同创新缩短创新周期，加快实现创新成果，可以在更短的时间内获得市场。

协同创新是当前环境下国家和地区提升科技能力的有效途径，协同并非失去主体原有的独立自主，而是主体间的有机结合，形成相互支撑的互助互利组织。因此，协同环境能有效促进创新，企业能够利用合作来吸收其他创新主体的知识，提高自身的能力水平，进而获取竞争优势和市场份额。

产学研协同创新主要以三类主体为主要参与方，其他中介机构及相关方，各自利用自身的资源和能力优势，共同进行新技术、新产品、新知识的创造。从知识创造过程看，产学研协同创新的本质是各个创新主体利用合作将各种资源进行投入、转移、消化、吸收、整合、利用、再创造的过程，其中的每一环节都极其重要。何郁冰（2012）[89] 认为产学研协同创新是知识创造方——学研机构、技术创新方——企业、政策支持方——政府、资金供给方——金融机构、关系连接方——中介机构等主体通过充分协作和资源有效融合而实现的。因此，产学研协同创新正是利用各主体间资源互补，利用知识在主体间相互传递，促进知识的外溢，进而产生知识增值的过程。

2. 产学研协同创新的主体

创新组织间的合作关系可划分为组织内合作和组织外合作。组织外合作是各创新组织依照自身意愿，寻求市场上能够相互促进的合作主体，有明显的周期性；组织内合作则依赖政府的强制性要求，关系固定。产学研协同创新各主体之间并非简单的内外部关系，产学研协同创新既有自愿结合特征，也有政府指导特征。产学研协同创新的目标是使所有主体的利益最大化，这种创新组织具有较高的柔性和资源全面性，被认为是区别于市场交易和内部控制的另外一种中间性的创新组织。产学研协同创新组织的主体主要有以下几个。

（1）企业。企业是当代经济社会发展的最主要组成部分，是将知识转化为具有使用价值的直接主体，因此它也是产学研协同创新组织的最核心成员。企业的目的是获取经济效益，保证企业发展并积累经济财富，完全市场化的企业进行技术研发的最终目的也是经济效益。但随着市场竞争的加剧，技术逐步成为占领市场和保证获取稳定效益和未来收益的主要因素之一，技术创新能力在企业生存发展中占据越来越重要的位置。创新的复杂性和资源的有限性致使企业难以以自身之力实现技术创新，企业为获取更多知识和资源并提升核心竞争力，与学研机构进行合作创新成为最直接有效的途径，而学研机构也需要将知识转化为产品实现知识价值，这就使双方有一个共同的契合点，企业将知识产权商用化并取得收益，进而以收益反哺产学研协同创新组织，从而形成一个良性循环。

（2）高校和科研机构。高校和科研机构是知识创造和人才培养的集中地，是促进人类向前发展进化的主要推动力之一，是最前沿的知识和技术的主要来源。随着知识经济社会的发展，高校和科研机构的职责也在发生变化，其不再独立于经济社会，而是与经济社会密切相关，越来越具有开放性。高校和科研机构的成果需要满足现在和未来产业发展的需求，高校和科研机构的知识开发也面临着竞争和资源短缺问题，需要企业和社会提供必要的资金、人才、生产、渠道的支持。高校和科研机构与企业进行合作，一定程度上能够解决学研机构的资源短缺问题，加速知识成果转化。

（3）政府。政府是国家的行政机构，政府不只是创新活动的指引者，也是创新活动得以进行的保障者和支持者。政府制定政策引导产学研协同创新组织的建立和发展，政府提供资金支持产学研创新活动，制定政策法规保障产学研创新活动的顺利进行。产学研协同创新活动过程中，政府起初是资金提供者和平台搭建者，随着创新活动的进行，政府逐步转变为为协调者解决产学研协同创新组织内部的分歧和矛盾，政府也可能成为成果验收方和成果奖励方以进一步推动创新。

（4）中介机构。中介机构是企业和学研机构间的信息传递者和渠道搭建者，尽管不是产学研协同创新组织的核心主体，但是成了产学研协同创新组织不可缺少的一部分。中介机构同企业和学研机构相比，拥有后二者各自的需求和供给信息，其通过信息整合与匹配为企业和学研机构搭建一条可能合作的渠道，避免学研机构有知识却无转化介质以及企业有需求和资金却无技术的局面。中介机构通过这一桥梁的搭建为产学研协同创新组织的建立、成果转化和利益实现提供了更广泛的途径。

（5）消费者。消费者是产学研中协同创新组织比较特殊的一类主体，这类主体并不直接参与构建产学研联盟，而是通过自身对市场的影响力对产学研协同创新的方向和进程产生作用。作为创新产物的最终使用方，消费者又直接决定了产学研协同创新的成败。产学研协同创新组织将消费者作为主体之一，充分考虑到了消费者的需求与偏好。在条件允许的情况下，消费者也可以作为产学研的直接参与方参与到设计与开发工作中。如果将消费者纳入产学研主体，创新的成功率和市场接受度将会有极大的提升。

3.1.2 产学研协同创新的模式分析

（1）企业主导型模式

企业主导型模式是指企业在产学研协同创新组织中承担领导者的角色。企业主动与学研机构进行合作是企业主导型模式的主要表现方式，基于能力不足和资源有限，为了降低成本和减小风险，企业主动与学研机构进行合作创新。企业主导型模式中，协同创新组织的目标和进程由企业决定，企业在组织的构成主体、资源投入和收益分配等关键问题上拥有绝对话语权。同时，企业需要承担主要的资源投入和可能产生的创新成本，其中包括创新活动的资金投入和创新失败带来的损失。学研机构在企业主导型模式中主要承担为企业目标服务的职责，包括知识提供、技术咨询等。

企业主导型模式是产学研协同创新的最主要和最重要的模式，企业是知识实现其内在价值的载体，企业是产学研协同创新组织主要的资金提供者，也是创新的主要受益者。企业可以利用与市场直接关联的特殊地位准确把握整个社会的需求导向，提高协同创新的有效性。企业一方面通过将企业的资源注入协同创新组织支持创新，另一方面从协同创新组织中获取资源满足自身发展的需要。高校和研究机构的知识成果只有通过企业才能真正得以转化，因此不管在何种模式的产学研协同创新组织中，企业的地位都显得尤为重要。

（2）学研机构主导型模式

学研机构主导型模式是学研机构利用自身的人才优势和知识优势，主动与企业进行合作以实现其目标的协同创新过程。在这一模式中，学研机构起主导作用。学研机构是前沿的技术和知识的最主要的创造基地，积累了大量的知识资源。学研机构主导型模式的前提往往是学研机构已经开发出成熟的技术或者拥有成熟的技术创意，需要寻找企业合作进行技术产业化或者需要企业提供资金等支持实现创意向技术的转化。这种模式最主要的表现为学研机构的有偿技术转让和企业的纯资金投入。有偿技术转让是学研机构将成熟的技术成果以某一价格转让给企业，企业再独立对技术成果进行开发并将其投入市场。学研机构可能在这一过程中提供技术咨询服务，由此产生的全部收益归企业所有。另一种方式即学研机构主动向企业寻求资金支持以进行技术研发。对于具体的资金使用和研发进程，学研机构拥有决定权，与企业共享其取得的技术成果或者将成果以低价出售给企业。学研机构主导型模式的特点是各主体间的互动比较少，学研机构在整个创新过程中拥有高度的独立性，受到外界的干扰较少。

（3）政府引导型模式

政府引导型模式是政府牵头对社会经济、民生或者国防领域的重要需求相关的项目和课题，将企业、学研机构及其他有关主体结合成产学研协同创新组织并使其参与这些项目和课题，进而引导产学研的进行。政府引导型模式按照政府参与程度可被划分为政府主导型模式和政府指导型模式。在政府主导型模式中，政府在创新进程、创新目标制定和利益分配上均享有绝对话语权，产学研协同创新组织的其他主体均在政府的指令下配合政府实现创新目标。政府主导型模式具有高度的行政强制性，易与市场脱节，缺乏科学激励机制，逐步被政府指导型模式替代。政府指导型模式表现为政府提供项目、部分创新资金和验收成果标准，企业、学研机构等主体自发结合，政府不干预具体创新过程，只对创新结果进行验收。这种模式给予了产学研协同创新组织的各主体充分的自主权，为协同创新组织创造了优质的创新环境，但过度的自主也可能使产学研协同创新组织的其他主体为追求自身利益利用不正当手段，最终造成创新造假或创新失败。

（3）产学研一体化模式

产学研一体化模式是企业、学研机构和其他主体利用各自的优势，平衡各方利益而结合成创新联合体，如独立运营联合机构或新企业。这一模式与企业主导型模式类似，企业处于靠中心的位置，各方协作完成创新难题，创新成果及收益为产学研协同创新组织各主体共同享有。产学研一体化模式由于没有占绝对优势的主体，组织较为松散，难以发展壮大，其持续性难以为继。

3.2 产学研协同创新的驱动力分析

创新驱动是创新引导在内外部环境的作用下产生的创新需求欲望和欲望，进而从事创新活动的过程，通俗意义上讲，是创新主体开展创新活动的驱动力。（张国强、冯套柱、卫聚金，2010[90]）技术的日益复杂和市场的定制化对创新主体的创新资源及其时效提出了更加苛刻的要求。企业拥有大部分资金，与市场直接接触，但同样也是技术的需求方；而科研院所和高校是技术人才最多的地方；产学研协同创新的其他主体则在充满活力的产学研创新环境下快速发展并获取经济利益。各主体通过合作和交流，充分利用自身资源，发挥各自优势，从而有助于降低信息不对称，加快技术创新和合作。

产学研协同创新驱动可被划分为“技术驱动”和“市场驱动”。技术驱动是随着新技术的产生和演化不断形成和发生的，一般而言，这类新兴技术是重大原创性协同创新方可产生的；后者则是为了满足已有市场中的潜在需求，创新主体不断被改造和改善从而实现潜在功能，一般而言这类创新是有市场导向型的创新。总之，技术驱动是依靠重大创新活动获取新技术而挖掘潜在需求或开辟新市场的创新驱动；市场驱动是着眼于当前市场，通过工艺的改进或创新市场营销方式等进一步发掘现有市场需求的创新驱动。

3.2.1 技术驱动企业的协同创新分析

约瑟夫·熊彼特指出技术创新最早来源于应用研究领域的科学发现，逐步发展到技术研发，再到企业的生产活动中，最终落地于市场，是一个步步推进的过程。他认为新技术的发明会驱使企业家们进行更多的技术探索，从而产生更多的研究和技术开发。Carter 和 Williams 指出技术创新是技术得到发展的体现，技术上的重大突破是企业开展技术创新活动的根本动力，也是技术得以应用和技术商业化的推动力。还有学者将科学技术看作创造新市场需求的推动力，常由拥有技术创新专利的企业根据技术特性进行适度创新（林春艳，林晓言，2006[91]）。因此，技术推动是创新的原驱动力，技术不管来源于经济系统外还是来源于垄断的市场环境或大型的试验室，都是企业技术创新和经济效益不断增长的主要动力。技术源于技术发现和基础研究，经过企业的研发和创新，最终被应用于市场。技术推动论是基于投入越多、产出越多的前提的假设，技术创新是被科学发现或技术发明推动前进的。因此，科学技术的突破是技术创新的重要来源，企业的生产和产品的销售可以创造新的市场需求，在技术推动论中市场是研究成果的被动吸收者。

技术创新驱动中，创新主体不能一味去迎合已有市场的客户需求，在大多数情况下，客户是没有远见的，他们对于自己未来需要什么样的产品和服务的观念是模糊的。即使有客户明确知晓将来社会的发展趋向，市场需求由现有的趋势转化到未来发展的趋势也是一个极为缓慢的过程。因此，企业必须充分发挥自身的主观能动性，利用新兴的技术进行流程创造和产品创新，并对生产出来的新产品和服务进行市场引导。企业通过技术创新创造新的市场需求，从而主动形成新的市场。范内瓦·布什（Vznnevar Bush）指出一旦企业的产品或服务具有一定的技术含量和实用性，那么以该技术为核心的流程、产品或服务在市场上一定是受欢迎的，并且会产生相应的商业价值。

技术驱动是产学研创新主体通过利用自身的技术优势进行重大突破性创新所形成的，是一系列基础创新的突破。这类技术驱动的产学研协同创新有这些显著的特点。技术被应用到企业生产之前并无明确的应用领域；在技术实现重大突破后将会出现很多辅助性的新技术。由此看来，这类创新并不是单纯靠一项技术支撑，而是依靠一个以核心技术为核心的技术群。也正是因为技术群内各项技术相互补充，相互促进，从而整体的创新活动能够实现突破性的进展，并最终实现商业化。比如，互联网技术实现了爆发式的发展，同时伴随着辅助性技术的发展，如光纤技术、调制解调器技术等，这些辅助性技术反过来又将互联网技术加速推向市场。在新技术驱动下进行产学研协同创新是为了最终实现“美好未来”的目标[92]。

技术创新驱动下的产学研协同创新过程可以分为四个阶段：技术发展阶段、应用竞争阶段、技术－需求匹配阶段、持续改进阶段。在不同的阶段里，各主体扮演的角色均会发生变化。

（1）技术发展阶段。这一阶段是从新技术的出现到新技术的应用的过程。这个阶段的重要标志是技术创新的科学基础不断稳定，技术创新范式也逐渐形成；这个阶段的特征是新技术主导技术范式的产生及其在潜在需求市场的应用。在这个过程中，随着新技术的不断研发，各种新技术范式不断进行竞争，在竞争中优胜劣汰最终形成新技术的主导技术范式。新技术主导范式不断得到功能和特性上的发展和完善。与此同时，新技术的应用领域开始被技术开发者不断挖掘。这个过程中的参与者主要是科研机构、高校以及企业内部的科研部门，他们根据对未来科技发展的预测制定企业的创新战略规划并进行基础领域的技术创新。

（2）应用竞争阶段。新技术的应用领域如春笋般冒出，通过不断进行竞争最终确定新技术的主导应用领域。随着技术发展阶段中新技术主导范式的出现，新技术将会被应用到几个重要且明确的发展领域中，因核心技术的发展而出现的众多辅助性技术也会被应用于不同的领域来满足不同的市场需求[93]，或者不同的技术或范式被用于满足同一领域的不同需求[94]。新技术被应用到不同的领域之后不断进行演化，其演变的过程是一个创新资源需求不断增加的过程。由于市场、技术、资金等创新资源的稀缺和“频数依赖效应”的产生，新技术在不同领域的应用将会引发激烈的竞争。竞争后的结果是优胜劣汰，新技术被应用到某一个或某几个特定的应用领域。这时就到了新技术与领域需求进行匹配的阶段。在应用竞争阶段，新技术演化不仅包括核心技术的演化和辅助性技术的演化，还包括两者的组合技术与应用领域的共生演化。在满足特定领域的需求的情况下，新技术与辅助性技术相互促进，进行组合创新，最终满足特定应用领域的需求。在此过程中，主导方是新技术的提供者和应用领域的参与者。

（3）技术－需求匹配阶段。这一阶段是新技术进入主导领域并实现商业化的过程。在这一过程中，新技术演化包括了其与客户需求的共生演化。在此阶段，主导应用领域已被确定，市场上的潜在需求逐渐被明确，但新技术如何能最大限度地满足客户需求、客户对新技术产品或服务的接受程度如何还不明确。技术和需求相互影响、相互促进并相互适应。随着技术的不断演化，应用领域不断被明确，客户需求不断明朗，参与者会给予新技术更多美好的预期，将会有更多的企业为新技术或者辅助性技术提供创新资源并对其进行应用领域的探索，最终形成一个以核心技术为基础的生态系统。[95] 形成的生态系统受到技术与市场共同演化的影响。在不断演化的过程中，新技术会形成新技术主导的工程通道和特有的商业模式，同时新技术与市场需求不断磨合、匹配，最终在市场上被大多数客户接受和认可。在这个过程中，核心的主导方仍然是新技术的提供者和应用领域的参与者，补充性资源和创新资源的提供者则是生态系统中的其他企业、高校或科研院所。

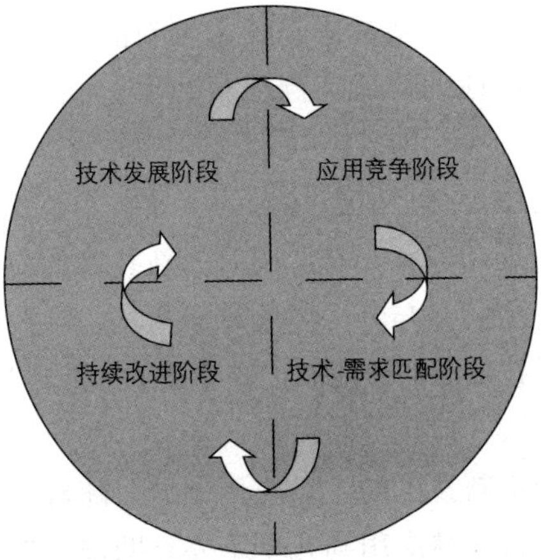

图 3–1 技术驱动企业产学研协同创新阶段分析

（4）持续改进阶段。这一阶段是实现基本的商业化后通过持续地改进不断为客户提升技术体验的过程。在这个过程中，技术不再“新”，且技术所面临的复杂性和市场的不确定性已经大打折扣。一般在此过程中，创新主体运用成熟的技术管理办法关注技术的发展和完善，从而技术创新进入衰退期。此时，可能又会出现新技术，进而驱动产学研的进行，而原有的技术将被作为辅助性技术继续发展或被淘汰。在这一阶段协同性逐步降低，主导方主要是运用技术的企业。

技术驱动产学研协同创新演化的四个阶段并不是孤立和线性的，各个阶段之间的界限模糊，不是说一个阶段结束后方可演变到下一阶段，现实中更多的情况是各阶段存在交叉性，甚至可以跨越某一阶段。如图 3–1 所示。

3.2.2 市场驱动企业的协同创新分析

技术创新最初来源于市场需求，其具体表现为市场上的潜在需求对已有产品和技术提出了明确要求，这使企业不断进行产品革新和技术创新，最终来满足市场需求。市场需求是技术变革的主要驱动力。一方面，企业仅对具有广大市场前景的科学技术感兴趣，并将其生产和投入市场；另一方面，企业只会对有利润和市场的技术进行投入和改进，并实施技术扩散。市场驱动的核心思想是“需求中心论”，这个理论源于凯恩斯定律。从企业产品的角度看，“需求中心论”的核心观念在于顾客的需求，若企业严格按照已有市场的需求进行产品设计和研发，那么新产品一旦被投入市场后将会产生这种产品的消费群。

市场驱动论指出企业需了解客户目前的一些潜在需求，根据客户目前的需要进行产品的研发和流程的再造，生产和提供客户实际需要的产品和服务。因此，企业的研发部门应根植于市场，通过市场调研和消费者研究对潜在需求进行深入剖析。在这个过程中，企业需不断进行内外部资源的整合吸收，通过技术创新进行新产品的设计和新服务的研发来满足已有的市场需求。市场驱动论将消费者摆在了重要的位置，将技术创新和市场需求进行了完美结合，从而使企业的技术创新产生了更好的经济效益。产学研协同创新在市场驱动下更加重视市场需求对企业技术创新的重要性，一般较为常见的是工艺创新和产品创新。市场驱动下的产学研协同创新能不断提高各参与主体的创新能力，加快新产品的创新速度，提升消费者的忠诚度，进而增强参与主体的内部效能，提升创新绩效。

产学研协同创新在市场驱动下以市场需求为导向开展技术创新。满足市场需求主要体现在两个方面：一方面，不断通过改进已有的产品来满足市场上未被完善的现有产品的功能需求；另一方面，通过产品创新来满足已有的但未被满足的消费者需求。市场驱动下的创新具有以下几个方面的特点：首先，创新的潜在市场需求和应用领域是明确的；其次，创新会先满足缝隙市场，后续经过不断的性能改善会渗透到主导市场；最后，市场驱动下的新兴技术通常都是来源于已有技术的集成或技术引进创新。为此，市场驱动下的产学研协同创新需要紧跟市场需求，把握现有的消费者潜在需求。

市场驱动下的产学研协同创新过程包括以下几个阶段：第一阶段是缝隙市场定义阶段；第二阶段是技术扫描阶段；第三阶段是技术–需求匹配阶段；第四阶段是向主流市场渗透阶段。如图 3–2 所示。

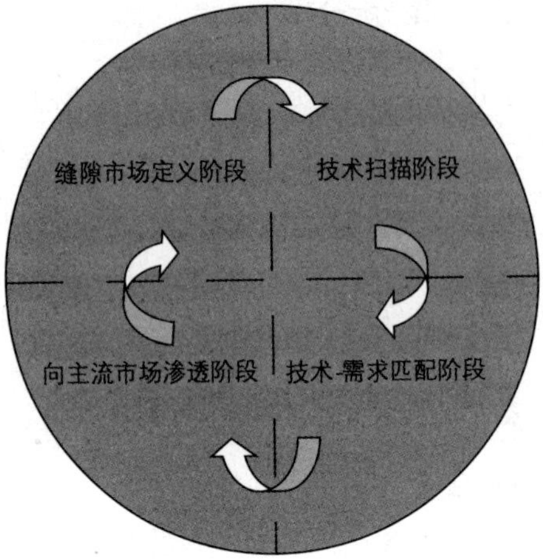

图 3-2　市场驱动企业产学研协同创新阶段分析

（1）缝隙市场定义阶段。这一阶段是协同创新主体从最初发现缝隙市场到明确定义市场需求的过程。这一过程对于产学研主体而言，研究新技术或新工艺的第一任务是挖掘已有市场的缝隙市场，对目前较为模糊的市场需求进行清晰的市场定位。这个过程中的关键因素是需求参数的确定，如产品功能、市场定价、价格弹性以及性能的改善等。例如，在小灵通技术进军通信市场之前，我国通信市场的主导是中国联通和中国移动，而消费者对通信服务的价格和质量都比较敏感，这样一个巨大市场的潜在需求并未被完全满足。也正是意识到这样一个缝隙市场，中国电信才会研发移动通信技术与两大运营商一起瓜分这个庞大的市场。这个过程中，产学研协同创新技术的改进与研发最主要的参与成员是企业和市场上潜在的消费者，其中企业是整个市场和技术发生演化的推动者。

（2）技术扫描阶段。协同创新主体确定缝隙市场后，需要考虑该去哪里寻找或者通过什么渠道寻找潜在市场技术，技术寻找便是这一阶段的关键环节。企业技术扫描的范围涵盖了产学研组织的所有参与者。协同创新主体不断进行技术扫描和资料匹配，一旦发现相匹配的创新资源或者合适的技术资源，产学研协同创新便会进入下一个阶段，否则企业将继续寻找和匹配相关资源。在技术扫描阶段，主要参与者有研发机构、第三方中介机构、高校和企业，企业在其中扮演着关键角色，其他主体纷纷为其提供技术创新所需的知识和资源。

（3）技术 - 需求匹配阶段。当企业顺利找到能够满足潜在需求的缝隙市场和技术资源，产学研协同创新便会进入技术 - 需求匹配阶段，这个过程是新技术逐步体现技术生态系统的过程。协同创新一般是基于技术引进和技术集成而形成的，不一定拥有满足缝隙市场潜在需求的所有功能。为此，产学研协同创新主体需根据市场上的需求进行优先级排序，对已有的技术进行适度改善，或者根据消费者需求进行相关技术的研发和引进，以使其更好地满足市场上消费者的需求。

（4）向主流市场渗透阶段。随着技术和市场的不断演化，企业不断从市场的变化中发现消费者需求，并根据客户需求不断进行性能的改进，最终完善已有技术或产品的性能，并实现技术向主流市场的完美渗透。当技术成功地进入市场并被广泛接收后，整个行业的格局将会被重新洗牌。在这个过程中，影响新兴技术演化的有第三方融资机构、研究部门和企业等，其中企业占据重要位置，起到了主导作用。其中，最为关键的因素是技术的重大突破，了解主流市场的需求阈值。

与上文提到的技术驱动产学研协同创新一样，市场驱动下的协同创新阶段也不一定有着先后顺序，并有可能几个阶段同时存在或者发生跨越式演化，这四个阶段的边界也具有模糊性。见表 3–1。

表 3–1　技术驱动与市场驱动产学研协同创新对比

技术驱动产学研协同创新		市场驱动产学研协同创新	
技术发展阶段	研发新技术，预测未来技术，制定技术战略，研发基础技术	缝隙市场定义阶段	搜寻缝隙市场
应用竞争阶段	运用自身资源对新技术进行预测性投入	技术扫描阶段	技术搜索，满足缝隙市场需求
技术 – 需求匹配阶段	技术融合，匹配需求	技术 – 需求匹配阶段	各主体协同对技术进行改进开发以符合市场需要
持续改进阶段	维持市场的高额利润	向主流市场渗透阶段	进一步扩大市场

3.3 产学研协同中不同企业协同创新驱动差异性分析

3.3.1 不同企业类型产学研协同驱动分析

国有企业的控制权或所有权为国家所有，国家或政府的意志和出发点将对企业的行为产生重要影响。国有企业是企业生产经营的一种组织形式，同样具备公益性和商业性的特点：前者是政府为了宏观调控经济，为了实现特定的目标；后者则是为了寻求国有资产的升值保值。国有企业是经济主体，除了拥有一般企业的性质外，还有强烈的国家意志和社会责任，其经营行为更为复杂，创新的动机也比民营企业更为复杂。伴随着企业改制，其所获得的国家保护逐步减少。国有企业通过创新在实现国有资产保值增值的基础上，为解决更多的国防问题、民生问题提供更大的空间。国有企业产学研协同创新很多时候体现为政府的直接推动和高校与科研机构的协作。国有企业产学研有技术和市场两个层面的驱动，其中技术驱动占据更加重要的地位，一些基础性和重大关键性的技术往往由国有企业、高校和科研机构共同研发，国家通过政策激励为其提供资金和制度保障。

集体企业的全称是集体所有制企业，是企业财产属于集体所有，财产的分配方式以劳动量为依据的一种经济组织形式。其按主体可以分为城镇集体企业和乡村集体企业。集体企业在创新动力方面与国有企业类似，但更多倾向于市场的获取和企业的成长。相对于国有企业，集体企业在资金和制度支持上存在很大的限制，只能通过占据更多的市场来实现企业成长和一定区域内的集体意志。因此，集体企业在技术和市场驱动上相对均衡，而且集体企业在创新上不会过于冒进，策略选择相对保守，在产学研协同过程中会综合当前和未来的收益，更为保守地进行投入。

私营企业从字面上理解是指由独立的个体即自然人投资设立，并且控制权和所有权都是由自然人控制的一种组织形式。其包括私营有限责任企业、私营股份有限企业、私营合伙企业和私营独资企业。技术的迅猛发展使我国的社会秩序和经济结构发生了重大变化，现在企业所处的环境不再是单纯的经济物质环境，更多的是以客户、网络为中心和媒介的，将研发、生产、制造、营销以及售后紧密结合在一起的信息技术经济环境。私营企业属于完全的市场经济主体，经营盈亏自负，资金的获取依赖于企业经营绩效。产学研中规模较小的私营企业分为两大类：一类是技术驱动占绝对地位，试图通过技术上的颠覆和超越实现弯道超车或者占领新的市场；另一类则是市场驱动占绝对地位，通过营销创新等市场创新手段提高市场知名度进而吸引消费者。规模较大的私营企业则会均衡技术和市场因素，在充分保证已有市场技术的基础上，进行基础性的创造性技术开发，以保证在未来和新的市场同步或领先。综合来说，市场需求引领着私营企业自主创新的方向，市场竞争成为私营企业关键的创新驱动力。

外资企业的投资者是国外的法人组织或者独立个体，抑或是其他经济组织。外资企业是独立经营、自负盈亏的，并且独立承担相应的法律责任。但其也有自己独有的优势。首先，外资企业可以独立地实施母公司的战略，不受我国制度政策的影响和约束；其次，外资企业在我国可以把人民币作为收入并开具票据，还可以将在中方的利益转化成母国货币与母公司共享利益；最后，外资企业在知识产权的保护上更加严格，专有的核心技术也不需要与他方分享，其在管理和操作上更为高效。外资企业的技术研发主要是在自己的母国，其通过与母国高校、科研机构合作进行重大技术开发；外资企业在投资国则在已有技术的基础上，根据投资国的具体情况进行局部和细节性的技术开发。同时，外资企业会根据投资国的市场容量和增量，与投资国的高校和科研机构进行市场拓展和创新。因此，外资企业的产学研协同以市场驱动为主。

中外合资企业的成立必须经过我国有关部门的批准，并严格遵照我国的相关法律法规，一般是由一个或者一个以上的国外投资者和我方投资者共同设立的从事经营活动的一种组织形式。一般来说，是中外合资企业国外投资方和我方投资者共同投资和经营并且共担风险的一种组织形式，常见的组织形式是有限责任公司。合资企业的股东构成比较复杂，内部的博弈也更为复杂。其产学研协同创新驱动依赖于合资企业的高层管理团队和股东的意志，容易出现较大的分化和变动。

3.3.2 不同行业产学研协同驱动分析

企业的所属行业被验证会对产学研的合作产生影响。Laursen 和 Salter（2004）[96] 指出，研发占比较高的技术密集型的企业更愿意与科研机构联系。Asheim 和 Coenen（2005）[97] 以及他们和 Moodysson（2008）[98] 的研究基于创新模式对企业进行分类，知识型分析的行业以科学知识为主要推动力，产学研合作是其获取外部知识的重要途径；以合成型知识为主的行业则更加关注对自身已有知识的整合，其更愿意与客户和供应商合作。刁丽琳等（2011）[99] 基于已有研究成果归纳总结发现：每个行业都有自己固有的创新模式和创新性知识的获取渠道，对于知识的渠道来源也有自己的方式和要求。车维汉和张琳（2010）[100]指出政府部门应该根据每个行业的特点通过政府介入的手段，因地制宜地调整不同行业的产学研合作创新模式并制定支持政策，提升产学研合作效率。

行业不同，企业产学研合作模式和合作倾向也不同，尤其是高科技产业和传统产业存在明显区别。谢园园等（2011）[101]认为行业因素对产学研合作模式影响最为显著的两个行业是计算机软件业和医药制造业。刁丽琳等（2014）[102]指出产学研合作创新对企业类型并无特殊要求且与合作者所在行业也无多大关系，只是高科技产业的产学研合作创新更加侧重于长期合作，关注产品创新；而其他行业则关注短期合作，侧重流程创新。传统产业是指那些以劳动密集型为主，以生产、制造和加工为重点的行业群；高科技产业则是关于现代高端技术和高端产品的行业群。两个行业之间的主要区别可参照表 3–2。

表 3–2　传统产业与高科技产业区别明细

序号	项目	传统产业	高科技产业
1	创新重点	流程创新	产品创新
2	技术路线	较明确	不确定
3	创新资源效率	周期性	快速流动与结合
4	工业基础	相对成熟	逐步成长
5	研发投入	较低	较高
6	企业规模	大企业主导	中小企业居多
7	发展特点	“空心化”	技术领先
8	经济地位	短中期增长源泉	逐步上升

现在我们依照实证要求，将调查对象的行业类型划分为：制造业、物流运输业、电商、金融业、房地产业、其他非制造行业。

制造业是国民经济的主体，是综合国力的基础。新中国成立后，尤其是改革开放以来，我国制造业持续快速发展。从国内看，我国工业增加值占 GDP 的比重，从 1952 年的 17.6% 提高到 2014 年的 35.85%，增加一倍有余；从国际看，我国制造业占全球的比重，从 1990 年排名第九的 2.7% 到 2010 年跃居第一的 19.8%，牢牢抢占世界制造业第一大国的地位。当前，我国制造业发展面临着三大挑战：其一，随着资源环境和要素成本的约束日益趋紧，中国经济发展进入新常态；其二，新一代高科技和制造技术完全融合，给中国制造业带来了深刻的影响；其三，随着产业格局的进一步调整，国际贸易规则在不断被重构，中国制造业的发展态势日益严峻。制造业属于实体经济部门，同时受到技术和市场的深刻影响，其产学研创新驱动因受市场、企业类型、企业规模、企业发展阶段等的影响，在技术和市场产学研创新投入上有所差异。

物流运输业因人类社会的出现而出现，但其蓬勃发展主要是源于近些年电子商务的兴起。虽然物流运输业属于服务性质的行业，理论上受市场驱动影响最为明显，但是由于互联网的大规模普及和移动互联网的高速发展，物流运输业面临着市场驱动，也面临着数据挖掘技术、卫星定位技术等技术因素驱动。因此，物流运输业在产学研协同创新方面与制造业类似，并未形成明显的市场或技术驱动划分，其产学研行为也没有固定规律。

电子商务作为近些年发展起来的新兴行业，对传统的制造业和服务业均带来了巨大的冲击。依托于互联网技术和人工智能技术，电子商务表面上是服务业，但其产学研合作创新体现出其对技术的渴望与需求。其与物流运输业类似，为了节约成本和实现高效交易，通过新的算法实现最精确的仓储、广告投放和市场匹配。

金融业作为其他行业的主要资金来源地，是目前所有行业中利润水平最高的行业，具有天生的市场优势。伴随着政策的放开，金融行业面临的竞争也日益激烈。服务属性是金融业的本质属性，满足市场的需求和期待是金融业向前发展的最根本驱动。金融业自身缺乏研发实力，通过产学研合作并利用学研机构的科研实力实现技术和市场上的创新是金融业发展的极佳途径。在协同合作中，金融业依赖自身的资金实力，往往投入相对较多。

3.3.3 不同年限企业产学研协同驱动分析

企业生存时间的长短是其产学研协同创新的重要影响因素。在企业初创阶段（一般为企业成立后的1~3年），企业自主创新能力非常弱，企业产学研协同创新的主要目的是在市场中占有一席之地，并且存活下来。这时的企业拥有的客户数较少，企业的组织结构也比较简单，企业创始人在企业的发展中占据重要地位，几乎对所有业务都会参与决策，企业资金主要来源于创始人及其社会关系。因此，在这个阶段企业作为一个生命体要想在整个行业中存活下来，就要依赖于企业创始人。企业创始人深刻影响初创企业的产学研创新行为，所以创新的主要目的是尽快获得满足市场当下需求的产品和服务。

在初创阶段，随着经济活动的不断扩展和市场的不断扩张，企业随即会进入成长阶段，时间一般是成立 3 年之后。企业必须较快获取客户资源和资金以满足不同客户的消费需求和服务。在这个阶段中，企业的组织结构复杂化，员工数量剧增，企业开始有专门的职能部门。而此时企业开始有一小部分的资金和创新资源的积累。为了能够持续获得市场竞争优势，企业逐渐开始注重产学研协同创新并且逐步具备这种创新能力。在自主创新能力仍然不足、企业运营成本不高、资金较为充足的情况下，企业在产学研协作中会较多地投入。在此过程中，企业为了能做大做强，需不断地提高市场占有率，开拓新市场，不断寻求外部资源进行协同创新，并逐步实现企业家自身的价值和经济利益最大化。但是，在这个阶段驱使企业产生产学研协同创新行为的因素更为复杂。

在成熟阶段，企业的发展已经基本上处于一种稳定增长的状态。在组织结构方面，企业的组织结构已经达到相当规模，企业的日常管理被交给了专门的职业经理人来承担（企业有自己的专业管理团队）。这个阶段企业资金充足，在创新方面拥有自己的科研团队。财务、市场营销和生产体系已基本完善，运营成本大幅提升，因此，这个阶段企业产学研协同创新行为的核心影响因素变为企业的管理团队。在这个阶段，企业开始渴望成为行业的领导者，于是这种信念会驱使企业在产学研协同创新中更加注重颠覆性、基础性技术的创新，开发新产品，获取新市场。

3.3.4 不同资本和员工规模产学研协同驱动分析

规模的大小、对外开放的程度、外部知识的吸收能力、自身的自主创新能力等是企业参加产学研协同创新的重要影响因素（谢园园等，2011）[92]。马莹莹和朱桂龙（2011）[103] 认为企业规模的大小和政府的政策制度支持是企业跟高校进行产学研协同创新的主要驱动因素。Leiponen（2001）[104] 通过对芬兰企业的创新调查发现，企业与大学间的研发合作具有正的规模效应，对企业研发能力具有正向影响。同时，这一结论在朱桂龙（2008）[105] 的研究中也得到了证实。Fontana 等（2006）[106] 基于 500 多项产学研协同创新的实证数据表示，企业与外部其他组织的互动频率与他们是否进行产学研创新活动息息相关。Laursen 和 Salter（2004）[107] 的研究发现，那些主动在外部环境搜寻创新资源的企业更加容易获取新知识，而那些积极主动向外界及时公布技术成果的企业更易获得科研机构的合作机会。Cohen 和 Levinthal（1990）[108] 首次提出“吸收能力（absorptive capacity）”的概念，即企业内部的研发机构在企业进行技术创新的过程中获取知识资源的能力。但据目前的实际情况来看，高校和科研机构是共性技术的主要提供者，这就造成了企业的创新依赖性，但受自身能力的限制，这种依赖程度往往会转移到技术供给的下游企业。在此环境下，企业对知识的吸收能力发展为产学研协同创新的不可忽视的因素（吴家喜、吴贵生、2009[109]；陈劲等，2011[110]；裴学亮等，2017[111]）。Mohnen 和 Hoareau（2003）[112] 指出企业的研发强度与企业有没有和科研院所合作具有显著的关系，研究表明，企业的规模、政府政策的支持力度、专利的保护程度以及行业的相关属性是影响企业与高校合作的关键因素。

企业规模的大小一般与产学研协同合作创新之间呈正相关关系，规模较大的企业一般具有以下几个特点：其一，规模较大的企业可以投入更多的资金进行创新；其二，规模较大的企业拥有更多高素质和高能力的技术人员；其三，规模较大的企业拥有更加广泛的外部团队和技术供应商；其四，规模较大的企业拥有更多的创新机会并具有较强的承受能力；其五，规模较大的企业具有资源和市场优势，容易在技术研发和市场营销中实现规模效应，并且在开展的创新活动中占据独特的经济利益。因此，规模较大的企业在资源优势和垄断力量上使其能够承受较大的失败风险，容易在市场上成为最先进的创新领航人。

3.4 本章小结

本章主要对产学研协同创新内涵及其协同创新模式进行了简要分析，界定了产学研协同创新本质、协同主体和四种主要的协同创新模式。从技术驱动和市场驱动两方面，对产学研协同创新行为产生和发展的内在本质动力进行了深入剖析，对不同属性企业的产学研协同创新驱动进行了对比分析，为后文的实证研究奠定了理论基础。

4　产学研协同创新行为仿真分析

通过前文的理论分析可知产学研协同创新涉及多主体、多模式、多背景，本章则研究各主体间如何采用正确策略应对各种内外在因素，以达到产学研均衡。在技术协同创新过程中，大学和科研机构的性质相似，在合作中主要提供理论与专利支持，理论研究一般将其作为一类，称为科研院所。一方面，科研院所具备较强的理论研究能力，但缺乏将技术商业化、产业化的能力；另一方面，企业的主要能力集中于发现潜在的市场需求，并将较为成熟的技术成果通过商业化运作得到利润，但在理论研究和关键技术上的研发能力不足。各自的特点决定了二者之间存在协同合作的可能。技术创新可以分为技术驱动创新和市场驱动创新。技术驱动创新是一个产业发展方向所推动的技术创新。这一类创新的终极目的是抢占未来市场，实现未来收益；市场驱动创新立足于当前市场需求，实现当前的收益。本章就针对这两种类型下产学研协同创新进行演化博弈分析，为后续研究奠定基础。

4.1　技术驱动下产学研协同创新行为博弈分析

技术驱动下技术创新的收益是针对未来的，因此在前期的协同过程中，技术的创新仅仅是投入，产出的是专利。在这一过程中，企业是为了自身的生存和发展，自发组织与科研院所展开协作创新。在合作过程中可以有两种形式：一种是企业和科研院所共享科研成果；另一种则是企业给予科研院所一定的科研经费，最后专利归企业所有。

4.1.1　模型基本假设

在技术驱动的情形下，提出以下基本假设。

（1）假设企业和科研院所是有限理性的，需要通过多次的博弈才能找到最优的策略。假设企业和科研院所在初期都可以选择{协同，不协同}，初始状态时，企业选择协同的概率为x，不协同的概率为$1-x$，科研院所选择协同的概率为y，不协同的概率为$1-y$。

（2）当企业和科研院所不进行任何协同创新时，企业投入的成本为c_1，获得的专利收益为R_1；科研院所投入的成本为c_2，获得的专利收益为R_2。

（3）当企业和科研院所组成协同联盟，投入的成本为c，由企业和科研院所共同承担，企业承担比例为a，科研院所则承担$1-a$。

（4）协同联盟中的企业和科研院所优势互补，发挥协同效应，获得专利的收益为R，专利的超额收益为ΔR。在技术驱动的第一种情形下，超额收益按照一定比例在企业和科研院所分配，企业获得的比例为b，科研院所获得的比例为$1-b$；在技术驱动的第二种情形下，收益来源是企业投入R_3。由技术的特征可知，技术产品所能获得的利润和专利的先进性、未来产业发展状况密切相关，如果专利成果顺利转化，那么企业和科研院所能获得超额利润，反之，前期投入将不再具备价值，由此可见技术驱动下的技术创新具有较大的风险。

（5）当一方选择协同，另一方选择不协同时，我们认为不协同的一方选择了违约。当企业选择违约时，此时在投入成本c不变的情况下，获得的额外收益为ΔR_1；当科研院所选择违约时，获得的额外收益为ΔR_2；企业的违约成本为w_1，科研院所的违约成本为w_2。对于科研院所而言，其违约成本与其收益挂钩，在第一种情形下，违约成本一般正比于专利的价值，而第二种情形则与其直接收益相关。

4.1.2　技术驱动下博弈分析矩阵

协同创新博弈的支付矩阵如表4-1所示。

表4-1　企业和科研院所协同创新支付矩阵

		产　方	
	策略	协同	不协同
学研方	协同	$R_1-ac+b\Delta R$ $R_2-(1-a)c+(1-b)\Delta R$	$R_1-ac+\Delta R_1-w_1$ $R_2-(1-a)c+w_1$
	不协同	R_1-ac+w_2 $R_2-(1-a)c+\Delta R_2-w_2$	R_1-c_1 R_2-c_2

根据协同创新博弈的支付矩阵，企业选择协同创新概率演化路径为：

$$p_1 = x(1-x)[y(b\Delta R - \Delta R_1 + w_1) + (1-y)(w_2 + c_1 - ac)] \quad (4\text{–}1)$$

其中，p_1 表示随着时间的演变，企业选择协同策略的概率的变化。其值为正，则意味着随着时间的推移，企业会倾向于选择协同创新策略；其值为负，则企业会倾向于选择不协同创新策略。

参与博弈的科研院所，其演化路径为：

$$p_2 = y(1-y)\{x[(1-b)\Delta R - \Delta R_2 + w_2] + (1-x)[w_1 + c_2 - (1-a)c)]\} \quad (4\text{–}2)$$

4.1.3 技术驱动下产学研主体的博弈分析

企业和科研院所通过一次次的博弈过程改变选择{协同，不协同}的概率，最终趋向于一稳定策略。假设演化稳定策略为 (x^*, y^*)。

对于企业，其稳定策略 $x^* \in \{x \mid p_1(x) = 0\}$。从 p_1 的表达式可以清晰地看出，当企业协同策略与不协同策略的收益不相等时，即 $y(b\Delta R - \Delta R_1 + w_1) + (1-y)(w_2 + c_1 - ac) \neq 0$ 时，$x = 0$ 或 $x = 1$ 是企业的可能稳定策略点。当企业选择协同策略与不协同策略的收益相等时，$[0,1]$ 区间的所有点都可能为稳定策略点。

p_1 关于 x 求导后记为 $f(x)$，得：

$$f(x) = (1-2x)[y(b\Delta R - \Delta R_1 + w_1) + (1-y)(w_2 + c_1 - ac)] \quad (4\text{–}3)$$

记 $\hat{y} = \dfrac{ac - w_2 - c_1}{b\Delta R - \Delta R_1 + ac - c_1 + w_1 - w_2}$，按照稳定策略的性质，对于企业来说，其选择协同策略的概率如果在 x^* 附近，那么其博弈后必将收敛于 x^*，这就意味着企业选择协同创新策略的概率变化率在稳定策略点处的导数小于零，即 $f(x^*) < 0$。

当 $\Delta R_1 - w_1 > b\Delta R$ 时，表示在协同创新过程中，企业发现自身的研发能力通过与科研院所的合作得到了一定的积累和提高，并且专利的价值很大，企业不愿再与科研院所共享。在这种情况下，应考察 $ac - w_2 - c_1$ 的大小。

如果 $ac - w_2 - c_1 > 0$，且有 $b\Delta R - \Delta R_1 + ac - c_1 + w_1 - w_2 > 0$，此时 $\hat{y} > 1$，对于所有 $y \in [0,1]$，$y < \hat{y}$。在可能的稳定策略点，$f(0) < 0$，$f(1) > 0$ 成立。也就是说，$x = 0$ 为稳定策略点，企业会选择不协同。结果显而易见，一方面，企业违约可以获得较高的专利价值；另一方面，假如企业坚持协同，科研院所的违约补偿尚不能弥补其选择协同策略时所多付出的成本，不协同是其最理性的选择。当 $b\Delta R - \Delta R_1 + ac - c_1 + w_1 - w_2 < 0$ 时，$\hat{y} < 0$ 成立，对于所有的 $y \in [0,1]$，$y > \hat{y}$。此时 $f(0) < 0$，$f(1) > 0$，$x = 0$ 为稳定策略点。这种情况下，企业选择协同时需要付出的成本高，同时协同状态下获得的收益尚不能弥补成本，理性的企业最终会选择不协同策略。

如果 $ac-w_2-c_1<0$，科研院所选择不协同策略时，企业获得的补偿大于其选择协同策略时所多付出的成本，此时 $0<\hat{y}<1$ 成立，企业的策略变得不确定。如果 $0<y<\hat{y}$，那么 $f(0)>0$，$f(1)<0$，$x=1$ 为稳定策略点；在 $\hat{y}<y<1$ 的情况下，$f(0)<0$，$f(1)>0$，此时 $x=0$ 为稳定策略点，也就是说企业会选择不协同策略。

当 $\Delta R_1-w_1<b\Delta R$ 时，企业选择不协同策略所获得的收益与违约所需付出的成本的差小于选择协同策略所获得的收益。

若 $ac-w_2-c_1>0$，则科研院所选择不协同策略时企业获得的补偿小于其选择协同策略时所多付出的成本，此时 $0<\hat{y}<1$，企业的策略随着科研院所策略的变化而变化。当 $0<y<\hat{y}$ 成立，$x=0$ 为稳定策略点。在 $\hat{y}<y<1$ 的情况下，$x=1$ 为稳定策略点。

若 $ac-w_2-c_1<0$，且 $b\Delta R-\Delta R_1+ac-c_1+w_1-w_2>0$，此时 $\hat{y}<0$ 成立，所有 $y>\hat{y}$，$x=1$ 为企业的稳定策略点。当 $b\Delta R-\Delta R_1+ac-c_1+w_1-w_2<0$ 时，$\hat{y}>1$ 成立，所有 $y<\hat{y}$，$x=1$ 为企业的稳定策略点。

除了考察企业的稳定策略以外，还需要对科研院所的稳定策略进行分析。

同样地，p_2 关于 y 求导：

$$g(y)=(1-2y)\{x[(1-b)\Delta R-\Delta R_2+w_2]+(1-x)[w_1+c_2-(1-a)c]\} \tag{4-4}$$

记 $\hat{x}=\dfrac{(1-a)c-w_1-c_2}{(1-b)\Delta R-\Delta R_2+w_2+(1-a)c-c_2-w_1}$，科研院所稳定点和稳定性的分析取决于 $\hat{x}$ 的符号。

当 $(1-b)\Delta R-\Delta R_2+w_2>0$ 时，科研院所选择协同策略时的超额利润超过选择不协同策略时的收益。另一方面，如果 $(1-a)c-w_1-c_2>0$，也就是说，当科研院所在选择协同策略时，虽然可以获得比不协同策略时的高的专利收益，但是，一旦其付出的成本较自身开发时的成本来得高，那么科研院所的最终稳定策略将随着企业的策略选择而变得不确定。在这种情况下，$0<\hat{x}<1$。当 $0<x<\hat{x}$ 时，$g(0)<0$，$g(1)>0$，$y=0$ 是科研院所的稳定策略；当 $\hat{x}<x<1$ 时，$g(0)>0$，$g(1)<0$，$y=1$ 是科研院所的稳定策略，科研院所最终会选择协同。

若 $(1-a)c-w_1-c_2<0$，并且 $(1-b)\Delta R-\Delta R_2+w_2+(1-a)c-c_2-w_1<0$，此时 $\hat{x}>1$，所有的 $x<\hat{x}$。在这一情况下科研院所最终会选择协同；若 $(1-b)\Delta R-\Delta R_2+w_2+(1-a)c-c_2-w_1>0$，那么 $\hat{x}<0$，所有的 $x>\hat{x}$，此时科研院所最终会选择协同。结论是明显的，当科研院所选择协同策略的收益较高，并且投

入的成本较低时，科研院所会选择协同。

类似地，当科研院所选择不协同策略时的超额利润超过选择协同策略时的收益时，即 $(1-b)\Delta R-\Delta R_2+w_2<0$ 时，若 $(1-a)c-w_1-c_2>0$ 成立，则科研院所的稳定策略分为两种情形：其一是当 $\hat{x}$ 的分母小于零，有 $\hat{x}<0$，所有的 $x>\hat{x}$，此时科研院所最终会选择不协同策略；其二是当 $\hat{x}$ 的分母大于零，有 $\hat{x}>1$ 成立，所有的 $x<\hat{x}$，此时科研院所最终会选择不协同策略。若有 $(1-a)c-w_1-c_2<0$ 成立，则有 $0<\hat{x}<1$，当 $0<x<\hat{x}$ 时，科研院所最终会选择协同。当 $\hat{x}<x<1$ 时，科研院所最终会选择不协同。

（Ⅰ）$\begin{cases} b\Delta R-\Delta R_1+w_1>0 \\ ac-w_2-c_1<0 \end{cases}$ （Ⅱ）$\begin{cases} b\Delta R-\Delta R_1+w_1>0 \\ ac-w_2-c_1>0 \\ y>\hat{y} \end{cases}$ （Ⅲ）$\begin{cases} b\Delta R-\Delta R_1+w_1<0 \\ ac-w_2-c_1<0 \\ y<\hat{y} \end{cases}$

综合上述的分析，在（Ⅰ）的情况下，不管企业最初的状态处于什么水平，最终都会选择协同策略。企业最终演化为协同策略的另外两种情形与科研院所的初始状态有关。

在这种情况下，当收益相关的各参数满足（Ⅱ）、（Ⅲ）的条件时，还需要要求科研院所在初始状态下选择协同策略的必须占据一定的比例。

类似地，科研院所最终选择协同策略也需要满足一定的条件。

（Ⅳ）$\begin{cases} (1-b)\Delta R-\Delta R_2+w_2>0 \\ (1-a)c-w_1-c_2<0 \end{cases}$ （Ⅴ）$\begin{cases} (1-b)\Delta R-\Delta R_2+w_2>0 \\ (1-a)c-w_1-c_2>0 \\ x>\hat{x} \end{cases}$

（Ⅵ）$\begin{cases} (1-b)\Delta R-\Delta R_2+w_2<0 \\ (1-a)c-w_1-c_2<0 \\ x<\hat{x} \end{cases}$

满足（Ⅳ）的条件，不管科研院所初始状态如何，最终都将趋于协同。在满足（Ⅴ）、（Ⅵ）的情况下，一方面要求收益矩阵的参数满足一定的条件，另一方面需要选择协同策略的企业达到一定比例，科研院所才会选择协同策略。

4.2 市场驱动下产学研协同创新行为博弈分析

市场驱动下的技术创新主要受市场对技术创新的影响，也就是说，消费者的行为可能会影响产学研协同创新联盟的行为。关于消费者群体在技术创新发展中存在的价值和作用，易先忠（2010）、曹兴等（2012）都提及技术创新的高成本使得消费者难以接受，导致技术的需求动力不足，使消费者群体的行为对技术创新的发展形成制约。假如产学研联盟生产的技术产品不被市场所接受，那么该产品并不能为联盟带来收益，而产学研作为一个理性群体就不能稳固，或者说产学研协同联盟就不会有技术创新动力。由此可见，消费者的行为对技术产品的需求直接影响产学研协同联盟是否创新生产产品有推动作用。本节将通过构建产学研创新联盟、消费者的演化博弈模型分析消费者行为对协同创新的影响。

4.2.1 模型基本假设

本书将参与博弈的主体划分为两类：一类是技术创新联盟（以下简称为创新联盟），另一类是消费者，并假设所有的参与者都是具有有限理性的。其中，创新联盟的策略空间是{生产，不生产}，当创新联盟选择采取生产策略时，其生产的是技术创新产品；当创新联盟选择采取不生产策略时，其生产的是非技术创新产品。而另一类消费者的策略空间是{参与，不参与}，当消费者选择采取参与策略时，其购买的是技术创新产品；当消费者选择不参与策略时，则意味着消费者并没有购买创新联盟生产的新技术产品。

设定消费者购买创新联盟生产的技术产品的效用函数：

具体的模型参数如下：

R_1 表示创新联盟选择采取“生产”策略时出售新技术产品所获取的经济收益；

R_2 表示创新联盟选择采取“不生产”策略时所获取的产品收益；

U_1 表示消费者选择购买创新联盟生产的技术创新产品所获的效用；

U_2 表示消费者选择购买创新联盟生产的非技术创新产品所获的效用；

C_1 表示创新联盟研发生产技术产品所需要付出的成本；

C_2 表示创新联盟生产非技术产品所需要付出的成本；

C_3，C_4 表示消费者购买技术产品与非技术产品所需要付出的成本。

4.2.2 市场驱动下的博弈矩阵

根据上述的相关假设，可以得出创新联盟、消费者的博弈矩阵，见表 4–2。

表 4-2　创新联盟及消费者的博弈支付矩阵

协同创新引导	策略	消费者	
		参与	不参与
创新联盟	生产	R_1-C_1	$-C_1$
		U_1-C_3	0
	不生产	$-C_2$	R_2-C_2
		0	U_2-C_4

假设两类参与主体在博弈的初始阶段，创新联盟选择采取生产策略的主体占整个创新联盟的比例为 x，而选择采取不生产策略的主体占整体的比例为 $1-x$；在消费者群体中，选择采取参与策略主体占比为 y，则选择不参与策略的主体占比为 $1-y$。

对于创新联盟，当其选择生产策略时可以获取的经济收益是 u_{11}，当其选择采取不生产策略时可以获取的经济收益是 u_{12}。假设平均的经济收益为 u_1，根据支付矩阵得到以下计算公式：

$$u_{11}=(R_1-C_1)y-C_1(1-y) \tag{4-5}$$

$$u_{12}=-C_2y+(R_2-C_2)(1-y) \tag{4-6}$$

因此，创新联盟整体的平均收益：

$$u_1=u_{11}x+u_{12}(1-x) \tag{4-7}$$

由此可得创新联盟整体的复制动态方程：

$$\frac{\mathrm{d}x}{\mathrm{d}t}=(u_{11}-u_1)x=x(1-x)(u_{11}-u_{12}) \tag{4-8}$$

对于消费者群体而言，当其选择采取参与策略即可获取的经济收益为 u_{21}，当其选择采取不参与策略即可获取的经济收益为 u_{22}，因此消费者的平均收益为 u_2。

$$u_{21}=(C_1-C_3)x \tag{4-9}$$

$$u_{22}=(U_2-C_4)(1-x) \tag{4-10}$$

此时，消费者群体的平均收益：

$$u_2=u_{21}y+u_{22}(1-y) \tag{4-11}$$

由此可以得到消费者群体的复制动态方程：

$$\frac{\mathrm{d}y}{\mathrm{d}t}=(u_{21}-u_2)y=y(1-y)(u_{21}-u_{22}) \tag{4-12}$$

复制动态方程（4–8）、（4–12）系统地描绘了创新联盟、消费者之间的博弈演化过程。

4.2.3 市场驱动下博弈分析

根据创新联盟与消费者之间的均衡点，令 $\frac{\mathrm{d}x}{\mathrm{d}t}=0$，$\frac{\mathrm{d}y}{\mathrm{d}t}=0$，经过计算，均衡点为 $E_1(0,0)$，$E_2(0,1)$，$E_3(1,0)$，$E_4(1,1)$ 和 $E_5(x^*,y^*)$，其中：

$$x^*=\frac{U_2-C_4}{U_1-C_3+U_2-C_4}$$

$$y^*=\frac{R_2+C_1-C_2}{R_1+R_2}$$

平衡点的稳定性由该系统得出的 Jacobi 矩阵的局部稳定性分析得到，这一系统的 Jacobi 矩阵为：

$$\boldsymbol{J}=\begin{bmatrix}(R_1y+R_2y-R_2-C_1+C_2)(1-2x) & x(1-x)(R_1+R_2)\\(U_1-C_3+U_2-C_4)y(1-y) & (U_1x+U_2x-U_2-C_3x-C_4x+C_4)(1-2y)\end{bmatrix}$$

在点 $E_1(0,0)$，系统的 Jacobi 矩阵为：

$$\boldsymbol{J}_1=\begin{bmatrix}-R_2-C_1+C_2 & 0\\0 & -U_2+C_4\end{bmatrix}$$

可以看出该矩阵相应的特征值为 $-R_2-C_1+C_2$ 和 $-U_2+C_4$，在一般情况下，协同创新联盟在生产技术创新产品时的成本远远高于其生产非技术创新产品的成本，因此有 $C_1>C_2$，所以创新联盟因为过高的生产成本而选择不研发生产技术创新产品。对于消费者来说，如果购买非技术创新产品的效用比成本高，即 $U_2>C_4$，此时消费者会选择不参与购买技术创新产品，因此在这种情形下的均衡为{不生产，不参与}。

在点 $E_2(0,1)$，系统的 Jacobi 矩阵为：

$$\boldsymbol{J}_2=\begin{bmatrix}-R_1-C_1+C_2 & 0\\0 & U_2-C_4\end{bmatrix}$$

可以看出该矩阵相应的特征值为 $R_1-C_1+C_2$ 和 U_2-C_4，对于协同创新联盟而言，生产技术创新产品的成本低于该技术创新产品的销售收益，因此有 $C_1<R_1$；对于消费者而言，如果购买非技术创新产品的效用比成本高，即 $U_2>C_4$，此时矩阵的特征值都大于零，$E_2(0,1)$ 是不稳定点。

在点 $E_3(1,0)$，系统的 Jacobi 矩阵为：

$$J_3 = \begin{bmatrix} R_2 + C_1 - C_2 & 0 \\ 0 & U_1 - C_3 \end{bmatrix}$$

可以看出该矩阵相应的特征值为 $R_2 + C_1 - C_2$ 和 $U_1 - C_3$，对于协同创新联盟而言，生产技术创新产品的成本高于非技术创新产品，因此有 $C_1 > C_2$。对于消费者而言，如果购买技术创新产品的效用比成本高，即 $U_1 > C_3$，此时矩阵的特征值都大于零，$E_3(1,0)$ 是不稳定点；如果购买技术创新产品的效用比成本小，那么此时 $E_3(1,0)$ 为鞍点。

在点 $E_4(1,1)$，系统的 Jacobi 矩阵为：

$$J_4 = \begin{bmatrix} -(R_1 - C_1 + C_2) & 0 \\ 0 & C_3 - U_1 \end{bmatrix}$$

可以看出该矩阵相应的特征值为 $-(R_1 - C_1 + C_2)$ 和 $C_3 - U_1$，对于协同创新联盟而言，生产技术创新产品的成本低于该技术创新产品的销售收益，因此有 $C_1 < R_1$；对于消费者而言，如果购买技术创新产品的效用比成本高，即 $U_1 > C_3$，此时矩阵的特征值都大于零，$E_4(1,1)$ 是稳定点。

在点 $E_5(x^*, y^*)$，系统的 Jacobi 矩阵为：

$$J_5 = \begin{bmatrix} 0 & x^*(1-x^*)(R_1 + R_2) \\ (U_1 - C_3 + U_2 - C_4)y^*(1-y^*) & 0 \end{bmatrix}$$

可以解出该矩阵相应的特征值为 $\sqrt{AB}$ 和 $-\sqrt{AB}$，其中，$A = x^*(1-x^*)(R_1 + R_2)$，$B = (U_1 - C_3 + U_2 - C_4)y^*(1-y^*)$，不论如何，两个特征值异号，所以 $E_5(x^*, y^*)$ 为这一系统的鞍点。

4.2.4 消费者类型的影响分析

消费者是复杂的，有的消费者喜欢传统的产品，有的消费者则喜欢技术含量较高的产品，从二者的复制动态过程中也可以看出，消费者的行为与创新联盟是否生产技术创新产品密切相关，如果市场上的消费者都不喜欢技术创新产品，那么最后的均衡肯定是创新联盟和消费者不参与这一均衡，而若消费者都倾向于技术创新产品，那么最后的均衡则是创新联盟生产和消费者参与这一均衡。由此可见，创新联盟的收益与消费者参与程度密切相关，而消费者是否参与则与其技术偏好有关。本书大胆假设技术创新产品的生产产品效果与创新联盟的投入成正比，而研发的成本和消费者购买的成本直接挂钩。因此，基于消费者对技术的偏好程度，可以将消费者划分为两大类：一是技术偏好低，这一类型的消费者是成本驱动型，随着成本的增加会递减其边际效用；二是技术偏好高，这一类型的消费者是效用驱动型，随着成本的增加会增加其边际效用。可用以下分段函数表示：

$$U=\begin{cases}C^a, & 0<a<1\\ C^a, & a\geqslant 1\end{cases}$$

其中，U代表的是消费者对技术偏好的效用，a为消费者技术偏好因子。当$0<a<1$时，该类型的消费者为成本驱动型；当$a\geqslant 1$时，该类型的消费者为效用驱动型。C是成本，也是技术创新与非技术创新产品的销售价格，即R_1和R_2。设技术创新产品的价格$R_1>1$，而非技术创新产品的价格$0<R_2<1$。

当消费者群体均为效用驱动型时，并在选择不参与策略的前提下，其获得的效用为$R_2{}^a-R_2$，因$0<R_2<1$，$a\geqslant 1$，故$R_2{}^a-R_2\leqslant 0$；而选择参与策略时，其效用为$R_1{}^a-R_1$，$R_1>1$，$a\geqslant 1$，故$R_1{}^a-R_1\geqslant 0$。这一类消费者技术偏好高，因此会选择参与策略。因此，效用驱动型的消费者与创新联盟之间的均衡为{生产，参与}，此时，企业和科研院所会选择合作。

类似地，当消费者群体均是成本驱动型时，并在选择参与策略的前提下，其获得的效用为$R_1{}^a-R_1$，此时$R_1>1$，$0<a<1$，故$R_1{}^a-R_1<0$；而当其选择不参与策略时，消费者获得的效用为$R_2{}^a-R_2$，因$0<R_2<1$，$0<a<1$，故$R_2{}^a-R_2>0$。因为这一类型的消费者选择不参与策略能获得更高的效用，所以他们会选择放弃参与策略。因此，成本驱动型的消费者，与创新联盟之间的均衡为{不生产，不参与}，此时，企业和科研院所之间的协同合作形同虚设。

4.3 不同驱动下的行为仿真分析

4.3.1 技术驱动下仿真分析

为了清晰表达政府参与下企业和科研院所之间的协调策略变化，本节将对上述的演化博弈过程做仿真分析。

假设投入的成本$c=c_1+c_2$。由于方程所涉及的参数较多，为了简化分析，将科研院所和企业成本分担的比例和收益分担的比例与其成本挂钩，假设$a=b=\dfrac{c_1}{c_1+c_2}$，此时企业和科研院所的博弈方程将简化如下：

$$p_1 = x(1-x)[y(\frac{c_1}{c_1+c_2}\Delta R + w_1 - \Delta R_1) + (1-y)w_2] \tag{4-13}$$

$$p_2 = y(1-y)[x(\frac{c_2}{c_1+c_2}\Delta R + w_2 - \Delta R_2) + (1-x)w_1] \tag{4-14}$$

企业和科研院所博弈的初始情况有很多，在成本分担比例假设后，由于企业和科研院所违约成本大于零，简单比较就可以发现，条件Ⅱ和条件Ⅴ中的第二个式子均不成立。

对 $ac - w_2 - c_1 < 0$ 的情形进行 Matlab 仿真，令成本投入比为 1 ∶ 1，$\Delta R = 6$，$\Delta R_1 = 8$，$\Delta R_2 = 6$，$w_1 = 1$，$w_2 = 2$，此时，模拟过程令 T=5，得到的演化路径如图 4-1 所示。

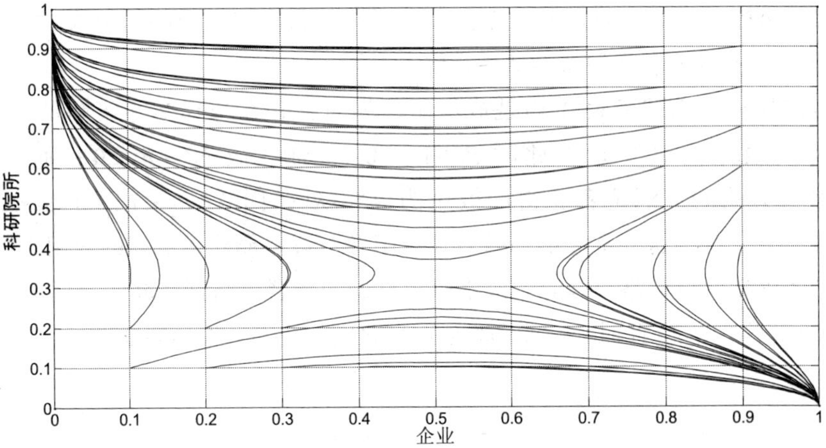

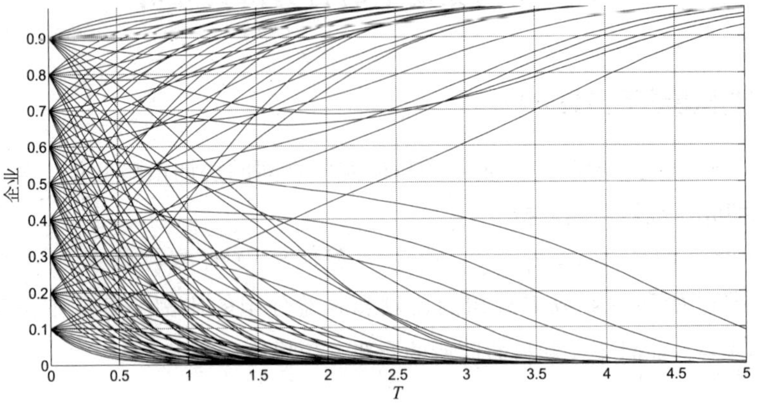

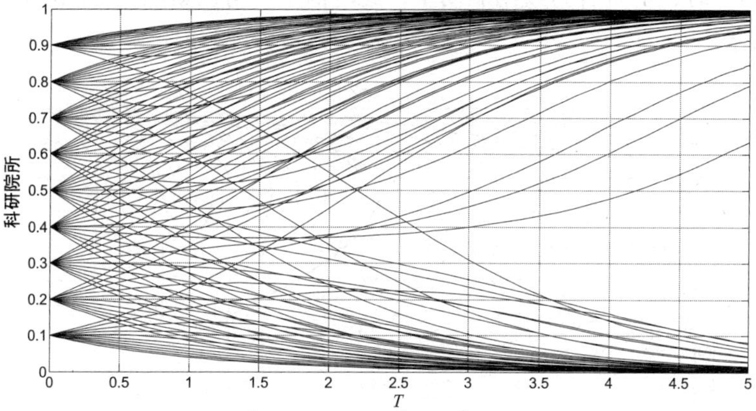

图 4-1　企业和科研院所博弈均衡的演变路径

在上述的假设下，企业与科研院所之间不能有效实现协同创新，其主要影响因素是违约成本和专利的潜在价值。但是，从上述基于企业与科研院所共享专利价值的分析可知，专利是否得到转化是未知的，在这种情形下，企业与科研院所之间共同承担研发风险，共同承担研发的成本，专利价值对合作的稳定性影响非常大。在技术驱动的情形下，研发的技术都属于前沿技术，具备较高的价值，企业对市场潜在需求的预判要强于科研院所，同时企业也掌握专利技术转化这一环节，因此企业会在协同创新中处于主动地位，而科研院所处于被动地位。

当企业与科研院所选择第二种形式进行合作时，上述分析中所提及的 $(1-b)\Delta R$ 改为 R_3，对于这一情形，科研院所可以获得当期收益，但是对于企业而言，科研院所的收益属于企业的成本投入，此时，企业成本投入增大，并且单独承担专利转化的风险。所以这种情形与第一种情形的差别在于，这时科研院所掌握了主动，而企业处于被动状态。

4.3.2　市场驱动下仿真分析

加入消费者类型因素，对参数进行赋值，如表 4-3 所示。

表 4-3　参数赋值情况

R_1	R_2	C_1	C_2	U_1	U_2	C_3	C_4
1.5	0.5	1.2	0.2	1.5^a	0.5^a	1.5	0.5

当 $a>1$ 时，消费者为效用驱动型，此时消费者与创新联盟之间的博弈路径如图 4-2 所示。

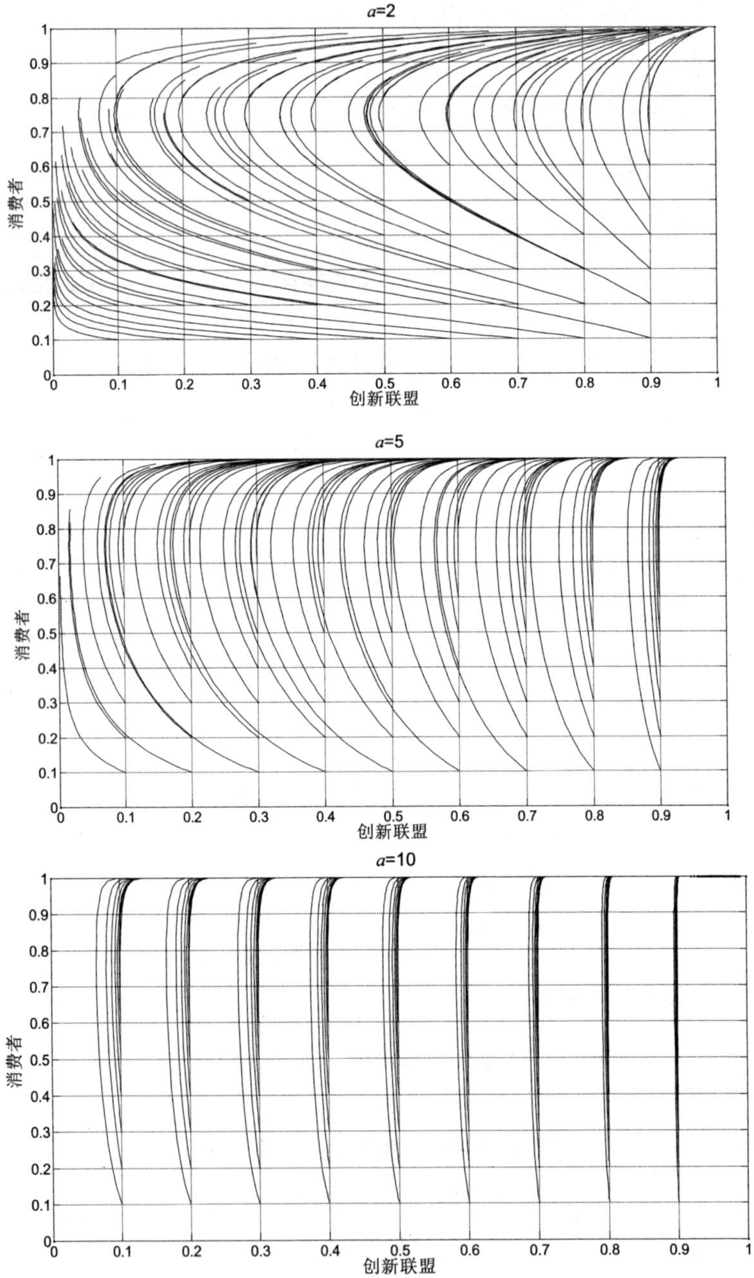

图 4-2 效用驱动型消费者与创新联盟的博弈演变路径

当市场中的消费者均属于效用驱动型时，从图 4-2 可知，随着消费者技术偏好的提高，演变的路径逐渐缩短，这表明当消费者对技术需求较大时，创新联盟用较短的时间就实现了生产供应，进一步表明当消费者购买力确实能实实在在地对技术创新产生正面影响时，企业与科研院所在市场需求这一驱动因素下实现协同，提高创新的效率。

当 $0 < a < 1$ 时，消费者为成本驱动型，此时，消费者与创新联盟之间的博弈路径如图 4-3 所示。

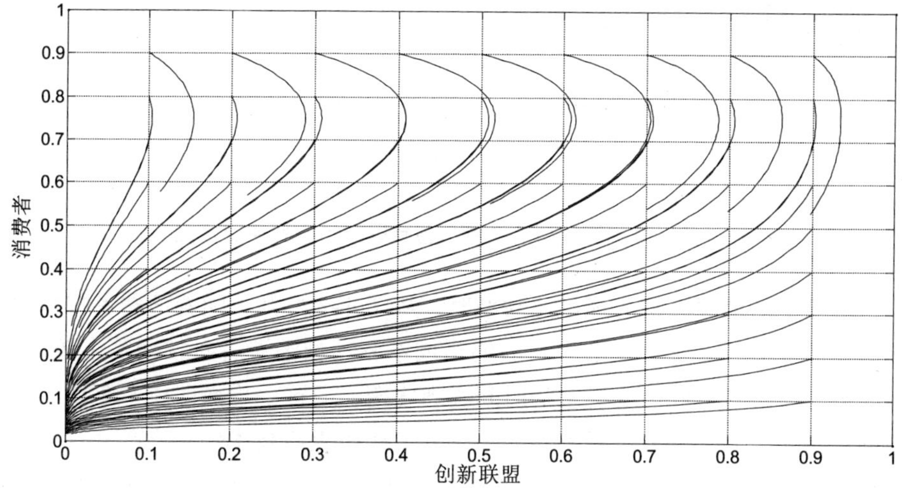

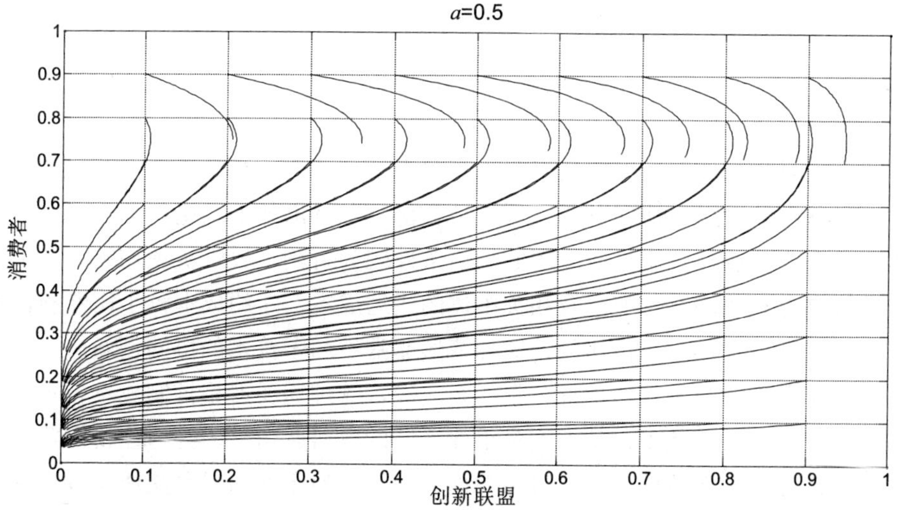

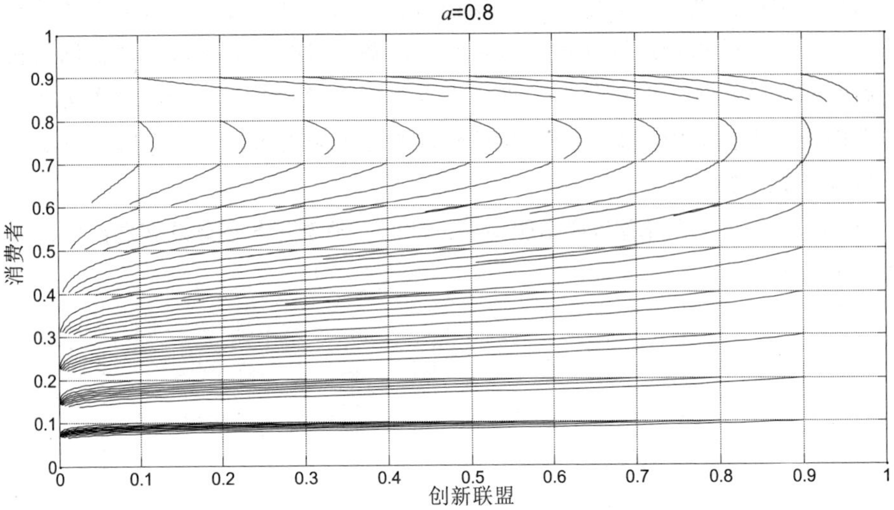

图 4-3 成本驱动型消费者与创新联盟的博弈演变路径

当市场中的消费者均为成本驱动型时，从图 4-3 可知，随着消费者技术偏好的提高，演变的路径逐渐变长，这表明当成本驱动型消费者对技术需求较大时，创新联盟与消费者之间需要更多的时间实现均衡，而这一均衡即成本驱动型消费者与创新联盟之间，一方选择不参与，一方最终不生产技术创新产品。这时，创新联盟就没有了存在的价值和意义，企业与科研院所也就不能实现协同创新。

4.4 本章小结

本章通过建立博弈模型对技术驱动下和市场驱动下的产学研技术创新进行分析，通过基本假设以及博弈分析，最后结合仿真，得出如下结论：综合来看，在技术驱动下，企业与科研院所之间的均衡条件较为苛刻，较难实现均衡，其主要影响因素是专利的潜在价值以及相关主体的违约成本，违约成本较小而专利价值较大，不论哪一者都会选择违约，这种情形非常不利于技术的协同创新。这与现实中技术驱动下的技术创新情况一致，企业经营管理需要严格控制成本，对于能带来极大收益的核心技术，基本上都组建自己的科研队伍，因为组建科研队伍的投入和产出都出于企业的主动。另一方面，为了促使企业与科研院所有效实现协同，就要建立完备的政府监督体系，对于这些项目，政府甚至要参与其中，起到润滑和强化联盟的作用。由此可见，通过协同的形式实现对前沿技术的突破，单靠市场自身实现有难度，主要因为技术的先进性和技术转化得不到有效的保障，对于收益的不确定却要投入巨大成本的新技术研发，政府需协同双方完成，向相应的企业提供科技专项项目，让企业联合高校进行研发。

总而言之，市场驱动会对产学研协同创新产生显著影响，特别当消费者对技术需求较为旺盛时，能大大促进技术创新。正如目前国家大力提倡“万众创新”，现在的技术创新如雨后春笋般涌现而出，在政府的支持下，社会大环境支持创新，提高了对技术的需求，又反过来推动了技术创新，实现了正循环。

5 企业产学研协同创新效率的实证分析

前文对产学研协同主体在技术驱动和市场驱动下的行为策略进行了仿真分析，主体在不同的策略下必然会产生相对应的创新结果。从仿真分析结果看，技术和市场驱动均会对产学研协同创新产生正向影响。本章根据仿真结论，利用实例验证技术和市场驱动是否正向影响产学研协同创新效率。通过构建影响产学研协同创新效率的概念模型，将协同效率作为反应变量，将技术与市场两方面的驱动因素作为解释变量，以揭示不同驱动力对产学研协同创新的影响差异。同时，对样本的各个不同属性对技术驱动与市场驱动其产学研创新的差异性进行分析。

5.1 模型构建

合作创新是组织充分利用内外资源获取竞争优势的有效手段，企业通过外部合作可低成本和低风险获得所需资源、高技术和规模创新效益等。协同创新在合作创新的基础上对合作主体提出了更高的要求，在创新的效果上产生了更令人满意的结果。协同效应突出的特点在于“1+1>2”效应，即资源协同产生的效果超过各资源单独效果的总和，系统呈现协调有序的创新步伐。产学研协同作为一种链式的合作模式，通过充分发挥各主体的优势达到创新目的，已成为国民经济中的重要组成部分。作为驱动创新的两大因素——技术和市场，对产学研协同效率有着重要的影响。

5.1.1 研究假设

产学研协同是以创新为目标的一种创新模式和体系，它的形成主要来自企业对创新的需求，而对于企业创新的驱动，有着丰富的理论研究。张赤东等（2014）[113]认为，企业创新的动力主要来自市场需求与技术推动。周正（2013）[114]对我国产学研协同创新动力机制进行研究时发现，技术轨道、技术预期、市场需求、市场竞争是推动产学研协同的主要动力因素。余子鹏和王今朝（2015）[115]研究企业创新行为时发现，影响企业创新行为的因素包括创新奖励、人才引进、设备水平等。姜百臣等（2009）[116]则主要从消费者选择偏好对企业创新行为的选择进行了研究。不少学者将企业进行合作创新的驱动力划分为内部动力和外部动力两部分。综合已有研究，本书将产学研协同创新驱动因素划分为技术和市场两个部分，从这两个驱动力出发，研究它们对产学研协同效率的影响。

5.1.1.1 技术驱动对产学研协同效率的影响

技术作为支撑经济发展的基础要素，其重要地位毋庸置疑。技术始终是企业最大的核心竞争力，技术驱动企业进行产学研协同创新，可以从三个方面进行识别：技术需求、技术开发、技术投入。下面分别从这三个方面进行分析。

（1）技术需求。技术需求指技术在发展过程中的发展和变化趋势，这种趋势迫使行业或企业以技术为目标，整合内外部资源，以适应技术的变化。

首先，技术需求使企业在创新上有了目标和方向，清晰地确定了创新主体的范围，在这一范围下，能够寻找并组合相关资源，保障需求的满足；其次，技术需求的急迫性能给产学研协同提供源源不断的动力；最后，技术需求是保障企业未来发展的重要根基，很多技术的开发均是基于未来而进行，技术在开发过程中可能会衍生出很多“意外收获”，伴随着技术的不断积累，创新者往往会成为某一个行业的规则制定者或者标杆。

因此，技术需求是产学研协同创新最初出发点，需求的大小能影响协同创新的节奏和投入度。

根据以上分析，可以得出以下假设。

假设 1（H1）：技术需求迫切性对协同效率有正向影响。

（2）技术开发。技术开发指在产学研具体合作创新过程中，创新所采用的手段和过程。技术开发是企业通过技术需求，寻找合适的协作方和协作资源，针对具体技术进行有目的性有重点的开发。结合企业自身的实际状况，在产学研协同过程中，基于技术需求，对技术提出明确要求，以符合技术发展需要和达到节约开发成本的目的。产学研协同效率与开发过程中技术阶段性效用存在显著关联，阶段性创新成果得到应用，可大大提升产学研协同的稳固与前进。[117]在这一过程中，产学研协同主要关注技术的先进性，对已有知识资源的开发利用以及与现有生产的结合。因此，技术开发的有效性程度影响产学研协同效率的高低。

根据以上分析，可以得出以下假设。

假设 2（H2）：技术开发有效性对产学研协同效率有正向影响。

（3）技术投入。产学研协同效率除了受技术需求和技术开发的影响外，还受技术投入的影响。企业要获得目标技术和能力，就必须加大产学研协作过程中技术研发的投入。研发投入能保障产学研协同过程中对各种人才、资金、设备等的需求。研发投入是企业技术创新活动的基础，在产学研合作中起着关键的作用。[118]通过加大人才的引进与培养，能为产学研协同创新提供充足的人才补充与支持；通过资金投入，能创造优良的创新软硬件环境，并激发各协同主体的创造热情；通过技术创造的企业文化，能够保障所有人的技术创新意识，优先为产学研协同创新打破阻碍。

根据以上分析，可以得出以下假设。

假设 3（H3）：技术投入高低对产学研协同效率有正向影响。

5.1.1.2 市场驱动对产学研协同效率的影响

市场是实现创新活动价值的最重要主体，企业开展创新活动是获取竞争对手信息和客户信息的有效途径，有利于创新主体准确定位并占据有利的市场先机。具体可体现在以下几个方面：把握主流及缝隙市场顾客需求和其他竞争对手及其信息，利用客户知识创造独具特色的产品，挖掘独特优势以提高自身产品与竞争对手产品的差异化程度。同时，对客户的反响及时做出反应并提升市场敏感度是维护和改善客户关系的最佳手段。因此，以市场为导向可加快研制的创新产品商业化的进程，提高企业对市场的感知能力（张婧，2004[119]；马勇，2008[120]）。市场驱动的产学研协同创新是基于当前市场上已有或已被感知的顾客需求，通过产学研各主体间的资源共享、协同合作，为满足市场需求、赶超竞争对手、扩大市场份额或进入其他市场而进行的创新活动。市场驱动产学研协同创新主要体现在市场需求、市场竞争和顾客满意这三个方面。

（1）市场需求。市场需求是创新主体开展技术创新活动的动力，是创新活动开展的立足点。市场上客户的需求是创新主体得以生存和发展的抓手，创新主体应以此为基点展开技术创新。同时，市场需求是一个不断变化的过程，当其变化达到一定程度后，将对创新主体的创新产品的商业化产生重要影响。随着需求的不断改变，顾客对产品性能、外观等的要求也不断变化，并对产品开发主体提出持续不断的要求。如何满足市场需求的变化，作为产学研主要核心主体，企业唯有在加速内部改革和创新的基础上，利用产学研平台进行外部资源补充，进而降低为满足市场需求而进行创新活动的成本和风险。市场需求变化越快，对产学研能力和资源的要求也就越高，产学研协同主体将随之扩张或被淘汰，与此同时，变化迅速的需求提供给产学研创新的时间周期会更加短暂，这将进一步推动产学研内部协作的进行。尤其当企业要进入新的市场，技术、人才、渠道等资源的缺失进一步促进了产学研的形成和发展。

根据以上分析，可以得出如下假设。

假设 4（H4）：市场需求变化对产学研协同效率有正向影响。

（2）市场竞争。市场化程度不断深入，全球经济一体化速度不断加快，创新主体之间的竞争无论在方式、策略、强度还是在范围上都愈发激烈。为了在市场上拥有一定的竞争优势，创新主体要不断优化自身产品、人才、资本等资源结构，并不断寻求与其他组织机构建立各种形式的联盟组织。创新主体一方面要充分利用自身的核心竞争优势，另一方面要在新技术研发、新产品研制、新工艺采用等方面寻求合作伙伴进行合作，从而通过整合和优化内外部资源提升其在市场中的竞争优势。在竞争日益激烈的市场环境下，越来越多的企业意识到单个企业已无法满足市场的需求，很难独立开展和完成一项完整的创新活动，若要在激烈的竞争环境下立于不败之地必须寻求高层次的战略目标。因此，市场竞争加剧，各个主体会不断抢夺资源，为了保证资源不被流失和获取新的资源，企业将加大对产学研的投入，并且尽可能加速产学研成果的产出。

根据以上分析，可以得出如下假设。

假设 5（H5）：市场竞争加剧对产学研协同效率有正向影响。

（3）顾客满意。顾客对投入市场的产品的评价，反映了顾客对产品的满意程度。当今信息化发达程度使信息的传播和交流变得极其容易，尤其是移动社交的普遍化，使产品体验可在消费者之间快速传播开来。较高的客户满意度是创新得以实现价值的重要途径。使客户满意，除了保证产品质量、产品服务、产品品牌外，产品多样性和个性化也变得越来越重要。企业与拥有各种综合性知识状态、多样化人才和庞大资源平台的高校及科研院所等非营利性组织构建产学研协同创新联盟，能够丰富其资源的多样性，同时利用这一平台能够在无形中扩大自身的品牌效应，提高顾客品牌感知度。产学研协同创新成果所获得的市场顾客满意程度，在很大程度上决定了产学研的收益和成就感，激发或抑制产学研协同创新的前进。

根据以上分析，可以得出如下假设。

假设 6（H6）：顾客满意度对产学研协同效率有正向影响。

5.1.2 概念模型

综合以上分析，本小节将构建产学研协同创新驱动因素与协同效率间的关系概念模型。如图 5-1 所示，该模型包括两个解释变量——技术驱动和市场驱动，以及一个因变量——协同效率。其中，每一个变量的测量维度又可以进一步细分，以充分研究变量间的相互影响关系。

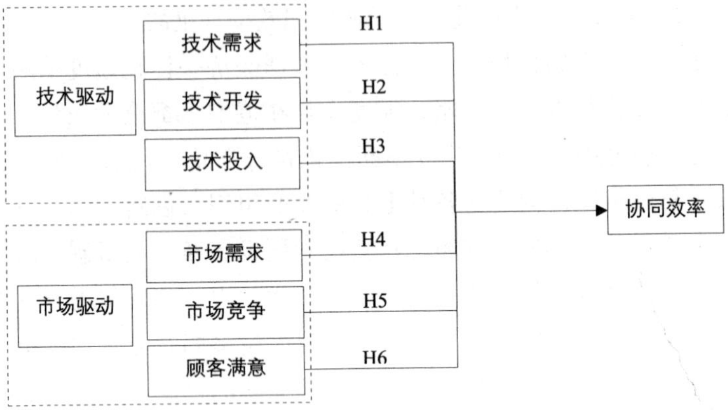

图 5-1　技术－市场驱动下产学研协同创新效率假设模型

通过对现有文献的梳理、企业调研访谈，本小节由内而外，分别从技术驱动和市场驱动两个角度构建其与产学研协同创新间作用关系的研究假设，如表 5-1 所示。

表 5-1　技术和市场驱动下产学研协同创新效率关系假设

序号	假设
假设 1（H1）	技术需求迫切性对协同效率有正向影响
假设 2（H2）	技术开发有效性对产学研协同效率有正向影响
假设 3（H3）	技术投入高低对产学研协同效率有正向影响
假设 4（H4）	市场需求变化对产学研协同效率有正向影响
假设 5（H5）	市场竞争加剧对产学研协同效率有正向影响
假设 6（H6）	顾客满意度对产学研协同效率有正向影响

5.2 研究设计

5.2.1 变量的设计

已有研究充分表明，实证中问卷的设计至关重要，要做到科学合理，要求问题的设计必须适当适量、简单清晰、易于理解和有效把握回答者心理。问卷题项的设计与确定对调查结果和研究分析是否合乎真实情况起决定性作用，为提高问卷的信效度，本节问卷设计过程严格遵循下列步骤。

第一，综合已有研究成果，确定问卷变量指标。通过收集和整理大量相关文献，剔除不相关的指标，选取相关并被学者们普遍使用且被证实有效的指标，利用成熟且已经得到认可的变量指标，除确保效度和信度外，还要增强数据的真实性和准确性。

第二，根据研究需要，引入新的或未被实证的变量指标。由于是新的要被实证的指标，因此这些变量的选取要更为谨慎与规范。首先，根据研究需要，在充分阅读相关资料的前提下初步自行设计变量问题；其次，利用设计的问题进行专家评分，剔除由于个人主观造成的偏差，通过多次反复修改评定，保留被绝大部分专家认可的题项；最后，进行预调研，邀请问卷的填写者——企业相关人员对这些题项再次评价，之后进一步完善和提高。

第三，合理使用问题词汇，防止诱导性问题出现。问卷中所有问题的用词均应简单扼要，语句易于理解，且不会因为回答者的不同而产生歧义。因此，应充分听取专家与企业相关人员的修改意见，对语句措辞进行多次反复斟酌，不断修改完善。

第四，汇聚相关专家意见，使问卷尽量科学化。

第五，预测试，进一步完善问卷。通过实地对企业进行访谈，发放与回收问卷，听取回答者的反馈，对部分问题及其语句使用进行改正，最终确定整个问卷，详见附录。

5.2.2 变量的测量

5.2.2.1 协同效率的测量

Bonaccorsi 和 Piccaluga（1994）[73] 最先提出了产学研协同创新效率的评估模型，在动机－期望的基础上，将产学研协同创新过程划分为知识协同的产生、传递以及衍生等几个阶段，通过比较参与主体的期望收益与实际创新成果对主体间的产学研创新效率进行综合评估，其中该评估中涉及的指标有申请专利的数量、新产品的数量、协议期限的长短、信息交换、冲突解决以及主体间的合作结构。Perkman等（2011）[76]认为，可通过设计一张成果地图对主体间的产学研协同创新效率进行测度，主要的测度维度涉及新观点的产生、解决问题的新方法、人力资本提升等各方面。Seppo和Lilles（2012）[77]认为，已有研究发现使用专利使用量和许可证数量衡量产学研协同效率的较多，他们认为除了从投入和产出视角测度效率外，还应重点从经济环境的影响、产学研主体间合作的模式以及时间长短等维度对协同创新效率进行衡量。Lacka（2015）[78]提出，产学研协同创新效率需综合考虑创新投入、技术转移的影响力以及技术溢出效果等因素，在考核指标的选择上既要考虑学术评估、经济评价等宏观指标，也需考虑微观指标。也有学者指出产学研后续阶段的影响也是毋庸置疑的，尤其是市场化阶段以及后续对社会的促进作用等。创新产出在一定程度上能反映协同创新的成果，但若是后续无法提升企业生产能力、改善生产流程或提升企业在市场上的竞争能力，那这些成果也只体现在理论上，对企业和社会而言毫无意义。因此，创新成果是协同创新产出阶段最为常见的指标，也是协同创新效率最为直接的反映（Pertuze，2010[79]；Bolling和Eriksson，2016[80]）。

依据文献，本节从产学研产出和产出后两个方面测量协同效率。第一，通过产学研协同获得的知识和能力。产学研协同创新是企业和科研机构、高校间不断进行知识转移、资源交换，相互学习并获取新知识的过程。与此同时，各主体将获得的新知识转化和升华，再获取并转化为自身所用的新知识，在自我吸收的过程中不断提炼、总结、升华产生新知识、新技术和新工艺等。第二，产学研知识成果的商业化成效。衡量标准是高校、科研机构和企业在通过产学研协同获得的知识商业化后带给企业的经济效益与总体收益的比例。这一比例是主体间产学研协同创新效率的重要组成部分，只有商业化成效明显，协同创新才得以继续。本节基于上述理论将协同创新效率分成技术能力提升、创新目标实现和市场占有率提升三个维度，如表5-2所示。

表5-2 协同效率的测量题项

变量	测量题项	来源
协同效率	F1 产学研协同创新成果投入比具有很大优势	Guan J.，2010；朱雪珍，2013；Liu X，2007
	F2 产学研协同创新成果占所有创新成果比重大	
	F3 产学研协同创新成果商业化获益占总获益比重大	

5.2.2.2 技术驱动的测量

森谷正规（1985）[121]认为，重大创新伴随着众多革命性技术的产生而出现，这些技术是重大创新产生的主要动力来源。高小珣（2011）[122]认为，社会科技水平和能力的提高主要在于技术的推动，其作用体现在降低研发成本上。王敏、银路（2008）[123]认为在技术驱动下创新主体将积极参与技术和产业联盟，并积极寻找下一个新技术带来的机会。Bstieler 等（2005）[124]指出技术驱动伴随着新的、具有突破性的技术或者知识的产生而出现。因此，在传统的产业竞争视角中，技术驱动被定义为特定行业中技术前进的速率[125]，技术驱动会促使企业快速地消化和应用新知识、新技术，缩短产品创新周期，并促进行业间的技术交叉融合。[126]Bao Y 等（2012）[127]实证表明技术驱动迫使企业进行创新以应对技术竞争压力。肖振鑫等（2015）[28]认为技术驱动表现为技术动荡性，技术动荡性以技术竞争压力的方式驱动创新。张震宇（2014）[129]认为技术驱动力越强，主体投入的创新资源就越多，获取创新成果可能性和收益就越大，在未来竞争中就越有优势。

在技术驱动的产学研协同下，创新主体通过对自身技术需求、外部技术发展趋势的把控，进而有目的、有针对性地进行技术投入和技术开发活动，进一步推进技术的发展。现代企业技术研发职能的内生化趋势，更加说明了技术驱动的重要作用。创新就是对技术的可行性加以研究开发并将其商业化的过程，因此技术作为创新的基础是毋庸置疑的。本书结合已有的测量题项指标和相关研究，再根据实地调研，确定出技术驱动的测量题项，如表 5-3 所示。

表 5-3 变量技术驱动的测量题项和测量依据

变量	测量题项	来源
技术需求	A1 贵公司所在行业技术变化非常快	肖振鑫（2015）、高小珣（2011）
	A2 技术变化为行业发展提供了重要机遇	
	A3 市场上大多数新产品是通过技术突破实现的	
	A4 贵公司相比于竞争对手在技术水平上亟待提升	
	A5 贵公司的成本一直居高不下	
	A6 政府对行业内的技术发展前景做出了规划和指引	
	A7 学术界产生了行业相关的前沿理论和技术	

续　表

变量	测量题项	来源
技术需求	A8 公司尝试用技术推动行业进步	肖振鑫（2015）、高小珣（2011）
	A9 技术发展和开发对贵公司所在行业并不是很重要	
技术开发	A10 贵公司协同过程中注重强化已有知识和技能提高创新效率	张震宇（2014）、张鹏（2016）
	A11 贵公司在协同过程中注重使用新技术提高公司运营能力	
	A12 贵公司在协同过程中非常强调技术开发的先进性	
	A13 贵公司在协同过程中注重吸收其他行业的技术	
	A14 贵公司在协同过程中总是期待获得技术上的突破	
	A15 贵公司协同所瞄准的合作伙伴是在技术上处于前沿的高校等机构	
技术投入	A16 贵公司非常注重高学历技术类人才的引进与培养	范群林（2013）、张震宇（2014）、杨以文（2013）、徐静（2012）
	A17 贵公司高层对技术开发非常重视	
	A18 贵公司在技术研发上投入了大量资金	
	A19 贵公司成立了专门的技术研发部门	
	A20 贵公司有极具诱惑的技术创新激励	
	A21 贵公司倾向于率先将新技术运用到产品开发上	
	A22 贵公司的领导层绝大部分是技术出身	

5.2.2.3 市场驱动的测量

市场驱动创新模型认为创新来自市场需求或生产需求的驱动，创新主体发现市场对新产品或新功能的需求，或生产上对新原料、新工艺的需求才会着手创新。周正（2013）[130] 从市场需求和市场竞争两方面测量市场驱动对创新的影响，企业迫于市场因素，会主动寻求与高校、科研机构进行联合创新，进而使创新更为有效。徐静（2012）[131]、张鹏（2016）[132] 同样通过研究证明产学研协同创新依赖于市场需求与市场竞争。史琳（2013）[133] 认为价格机制是影响产学研协同创新的一个重要因素。Piva 和 Vivarelli（2007）[134] 利用销售收入的重要程度表示市场的需求规模。姜百臣（2009）[135] 则认为顾客的满意程度决定着创新的方向和动力，并将消费者的支付意愿、选择偏好、产品价值定义等作为企业衡量顾客满意的测量指标。

当企业预期到市场需要某些产品与技术，而自身技术创新能力的不足无法满足这种需求时，企业就会迫切寻求与外部组织合作。企业通过与大学、科研机构等组织的合作，协同开展技术创新活动，研发出市场所需的产品与服务响应市场需求的动态变化，并在市场竞争中不断寻求发展。在市场竞争压力下，企业仅凭独自创新很难在激烈的市场竞争中立于不败之地，必须寻求技术创新合作伙伴。在企业关注的外部组织中，高校和科研机构是创新的理论源头，具有与企业异质性的资源和能力，通过与他们联动，可发挥互补协同效应，促使创新集成活动更加有效，为企业发展提供技术源泉和发展后劲。同样，市场的主体之一是消费者，顾客对产品的期望和满意度在很大程度上影响着产学研合作的方向和动力。据此，本书设计变量市场驱动题项，如表 5–4 所示。

表 5–4 变量市场驱动的测量题项和测量依据

变量	测量题项	来源
市场需求	B1 贵公司有计划地开发新产品，以影响和改变顾客的消费习惯及偏好	周震（2013）、姜百臣（2009）、张震宇（2014）
	B2 贵公司总是试图向市场推出新的产品或技术标准	
	B3 贵公司的创造性活动经常引起新一轮的行业竞争	
	B4 贵公司总是试图跨领域创新	
	B5 贵公司产学研合作的目标产品销售额较大	
市场竞争	B6 贵公司市场份额优于主要竞争对手	周震（2013）、张赤东（2014）、安同良（2006）
	B7 贵公司产品销售增长水平优于主要竞争对手	
	B8 贵公司新产品在市场中处于优势地位	
	B9 贵公司经常给竞争对手制造障碍	
	B10 贵公司在努力改变市场中竞争对手的数量	
	B11 贵公司总是以被动反应的方式应对竞争，而不是主动引导竞争	
	B12 贵公司在技术创新上经常效仿取得成功的竞争对手	
	B13 贵公司总试图保持产业链中现有角色而不改变它	
	B14 贵公司所处的行业竞争非常激烈	
	B15 贵公司在行业中的技术影响力高于主要竞争对手	

续 表

变量	测量题项	来源
顾客满意	B16 贵公司试图根据顾客需求进行产品研发或改进	徐静（2012）、袁峰（2006）、王莉（2012）
	B17 贵公司在新产品或服务中的改进很容易被顾客接受	
	B18 贵公司新产品或服务有较高转换成本	
	B19 贵公司的顾客流失率较低	
	B20 贵公司经常鼓励顾客重新定义产品价值	
	B21 贵公司改善产品是为了满足顾客的现有需求	
	B22 贵公司主要依赖顾客的反馈决定如何提高顾客满意度	
	B23 从贵公司所面对的市场看，顾客的消费偏好改变很快	

5.2.3 问卷设计的信效度检验

效度指测量方法的有效性。KMO 统计量的取值范围在 0 和 1 之间，如果变量间的相关系数的平方和与偏相关系数平方和相差很大时，其取值将近似于 1，同时意味着变量间的相关强度较强；当变量间的相关系数平方越来越接近 0 时，其取值将会越来越趋近于 0，说明变量间的相关性不强。根据 Kaiser 给出的测度标准，KMO 取值在 0.9 以上意味着测量方法非常适合，系数为 0.9 以下 0.8 以上则意味着合适；0.8 以下 0.7 以上则意味着一般；小于 0.7 大于 0.6 则意味着不太合适；在 0.6 以下则意味着不合适。基于以上判断标准，本次问卷的 KMO 取值为 0.872，效度较高。

表 5-5 KMO 和 Bartlett 的检验

KMO 和 Bartlett 的检验		
取样足够度的 Kaiser-Meyer-Olkin 度量		0.872
Bartlett 的球形度检验	近似卡方	8 935.613
	df	1 431
	Sig.	0.000

注：表 5-5 是效度检验。本次问卷的 KMO 取值为 0.872，效度较高。

信度从另一方面反映了测度方式的可靠性和稳定性，本书基于内部一致性信度的角度检测问卷法的可靠性和稳定性。基于相关数据计算得出本问卷的 Cronbach's Alpha 取值是 0.891，意味着问卷内部数据的一致性较好，不需要考虑删减问卷中的相关题项进行信度改善。根据经验数据信度值达 0.7 即可说明测量方法的可靠性和稳定性。因此，本研究中问卷的信度符合可靠性和稳定性的要求。信度数据见表 5-6 和表 5-7。

表 5-6 可靠性统计量

Cronbach's Alpha	项数
0.891	54

表 5-7 项总计统计量

测量题项	项已删除的刻度均值	项已删除的刻度方差	校正的项总计相关性	项已删除的 Cronbach's Alpha 值
贵公司所在行业技术变化非常快	166.28	539.967	0.338	0.889
技术变化为行业发展提供了重要机遇	166.27	540.098	0.338	0.889
贵公司相比于竞争对手在技术水平上稍占优势	166.27	562.800	-0.067	0.895
技术发展和开发对贵公司所在行业很重要	165.93	540.836	0.336	0.889
政府对行业内的技术发展前景做出了规划和指引	166.22	530.538	0.496	0.887
学术界产生了行业相关的前沿理论和技术	165.78	530.602	0.503	0.887
贵公司尝试用技术推动行业进步	166.14	532.185	0.532	0.887
贵公司的成本控制良好	166.30	531.901	0.538	0.887
市场上大多数新产品是通过技术突破实现的	166.20	532.029	0.521	0.887

续 表

测量题项	项已删除的刻度均值	项已删除的刻度方差	校正的项总计相关性	项已删除的Cronbach's Alpha 值
贵公司协同过程中注重强化已有知识和技能来提高创新效率	166.50	540.291	0.307	0.890
贵公司在协同过程中注重使用新技术提高公司运营能力	166.54	541.715	0.310	0.890
贵公司在协同过程中非常强调技术开发的先进性	167.06	536.165	0.423	0.888
贵公司在协同过程中注重吸收其他行业的技术	165.56	536.572	0.416	0.888
贵公司在协同过程中总是期待获得技术上的突破	165.46	542.600	0.304	0.890
贵公司协同所瞄准的合作伙伴是在技术上处于前沿的高校等机构	165.82	534.230	0.488	0.888
贵公司非常注重高学历技术类人才的引进与培养	165.39	537.745	0.429	0.888
贵公司高层对技术开发非常重视	165.93	543.316	0.271	0.890
贵公司在技术研发上投入了大量资金	165.57	536.436	0.427	0.888
贵公司成立了专门的技术研发部门	165.87	534.962	0.445	0.888
贵公司有极具诱惑的技术创新激励	165.74	536.855	0.436	0.888
贵公司倾向于率先将新技术运用到产品开发上来	166.73	540.304	0.321	0.890
贵公司的领导层绝大部分都是技术出身	166.49	540.116	0.344	0.889
贵公司有计划地开发新产品，以影响和改变顾客的消费习惯及偏好	166.54	536.283	0.413	0.888
贵公司总是试图向市场推出新的产品或技术标准	166.41	537.770	0.381	0.889

续 表

测量题项	项已删除的刻度均值	项已删除的刻度方差	校正的项总计相关性	项已删除的Cronbach's Alpha值
贵公司的创造性活动经常会引起新一轮的行业竞争	165.87	541.975	0.337	0.889
贵公司总是试图跨领域创新	166.32	536.724	0.398	0.889
贵公司产学研合作的目标产品销售额较大	166.30	536.623	0.405	0.889
贵公司市场份额优于主要竞争对手	166.28	545.467	0.294	0.890
贵公司产品销售增长水平优于主要竞争对手	165.75	540.422	0.387	0.889
贵公司新产品在市场中处于优势地位	165.40	545.194	0.280	0.890
贵公司经常给竞争对手制造障碍	165.88	543.003	0.299	0.890
贵公司在努力改变市场中竞争对手的数量	166.46	536.783	0.375	0.889
贵公司总是企图去主动引导竞争	166.15	536.730	0.394	0.889
贵公司在技术创新上经常效仿取得成功的竞争对手	166.43	536.949	0.382	0.889
贵公司总是试图改变产业链中现有角色	165.87	543.828	0.267	0.890
贵公司所处的行业竞争非常激烈	166.09	532.695	0.509	0.887
贵公司在行业中的技术影响力高于主要竞争对手	165.96	532.481	0.520	0.887
贵公司试图根据顾客需求进行产品研发或改进	166.02	539.861	0.378	0.889
贵公司在新产品或服务中的改进很容易被顾客接受	165.96	532.353	0.524	0.887
贵公司新产品或服务有较高转换成本	165.93	535.958	0.424	0.888
贵公司的顾客流失率较低	165.65	539.344	0.336	0.889

续 表

测量题项	项已删除的刻度均值	项已删除的刻度方差	校正的项总计相关性	项已删除的 Cronbach's Alpha 值
贵公司经常鼓励顾客重新定义产品价值	165.86	538.473	0.364	0.889
贵公司改善产品的目的是为了反映顾客的现有需求	166.29	556.620	0.049	0.893
贵公司主要依赖顾客的反馈来决定如何提高顾客的满意度	166.63	547.558	0.216	0.891
贵公司依据顾客的消费偏好改变市场	166.26	558.921	-0.002	0.894
产学研协同创新成果投入比具有很大优势	166.10	537.080	0.805	0.887
产学研协同创新成果占所有创新成果比重大	166.11	538.151	0.807	0.887
产学研协同创新成果商业化获益占总获益比大	166.13	537.619	0.870	0.887
公司类型	166.84	557.773	0.019	0.894
公司所处行业	167.41	548.081	0.154	0.892
公司成立年限	167.07	554.819	0.087	0.892
公司注册资本	166.43	556.747	0.101	0.892
公司员工数	166.70	549.293	0.143	0.892
所在公司职务	166.78	558.617	0.046	0.892

在进行实地调研过程中，问卷发放的对象是过去或当前参与过协同创新的创新型企业。数据的收集以企业为单位，一个企业可根据多次的协同创新过程填写多份问卷，但在问卷过程中会对同一个企业的问卷进行平均化处理。对于具体问卷回答者的人员选取上，主要是对协同情况比较熟悉的企业各类管理和技术人员，包括中高层管理和技术人员、协同研发参与人员等。从问卷发放到问卷的最终回收，共历时四个多月，采用的发放渠道也主要有两种：到调研企业现场线下发放纸质问卷；通过课题组成员和其他同学的关系网络，以社交软件或电子邮件进行线上问卷发

放。实地调研主要是在 C 城市群。电子问卷的发放覆盖全省各地创新型企业。问卷具体的方法回收情况如下：一共发放问卷 500 份，回收 401 份，回收占比 80.2%，剔除无效问卷 104 份，有效回收率为 59.4%。产生无效问卷的原因主要是：调查对象不属于 C 城市群新兴技术产业；个别企业问卷数量过多，平均化后为单独一个企业。以有效问卷为基数，此次调查的描述统计结果如表 5-8 所示。

表 5-8 问卷发放与回收情况统计

发放问卷		回收问卷数	有效问卷数	回收率	有效回收率
电子问卷	400	312	211	78%	67.6%
纸质问卷	100	89	86	89%	86%
总计	500	401	297	80.2%	59.4%

5.3 数据统计与回归分析

5.3.1 描述性统计分析

问卷基于网络进行发放，总共回收有效问卷 297 份，回收的问卷中有 37.37% 的受访者所在公司为私有企业；59.26% 的受访者企业所处行业为制造业；40.4% 的受访者所在企业成立年限在 6 年及以上；79.46% 的受访者所在企业注册资本在 1 亿及以上；53.87% 的受访者所在企业员工数在 500 人及以上；62.29% 的受访者为基层管理者。详见表 5-9。

表 5-9 描述性统计分析

企业属性		频率	百分比（%）	有效百分比（%）	累积百分比（%）
企业类型	国有	96	32.32	32.32	32.32
	集体	36	12.12	12.12	44.44
	私有	111	37.37	37.37	81.82
	外资	33	11.11	11.11	92.93
	合资股份	21	7.07	7.07	100.00
企业所处行业	制造业	176	59.26	59.26	59.26
	物流运输业	60	20.20	20.20	79.46
	电商	15	5.05	5.05	84.51
	金融业	19	6.40	6.40	90.91
	房地产	13	4.38	4.38	95.29
	其他非制造行业	14	4.71	4.71	100.00
企业成立年限	3 年及以下	96	32.32	32.32	32.32
	4~5 年	81	27.27	27.27	59.60
	6~10 年	71	23.91	23.91	83.50
	10 年以上	49	16.50	16.50	100.00
企业注册资本	1 000~5 000 万元	13	4.38	4.38	4.38
	5 000 万元 ~1 亿元	48	16.16	16.16	20.54
	1 亿元 ~5 亿元	196	65.99	65.99	86.53
	5 亿元以上	40	13.47	13.47	100.00
企业员工数	100 人以下	95	31.99	31.99	31.99
	100~500 人	42	14.14	14.14	46.13
	500~1 000 人	71	23.91	23.91	70.03
	1 000~3 000 人	58	19.53	19.53	89.56
	3 000 人以上	31	10.44	10.44	100.00

续 表

企业属性		频率	百分比（%）	有效百分比（%）	累积百分比（%）
所在企业职务	高层管理者	25	8.42	8.42	8.42
	中层管理者	87	29.29	29.29	37.71
	基层管理者	185	62.29	62.29	100.00

（1）样本整体在技术需求的均值得分为 3.163 ± 0.734，由于采用 1~5 分制设计，得分越高技术需求越好，故样本整体在技术需求上处于中等偏上水平。

（2）样本整体在技术开发的均值得分为 3.163 ± 0.724，由于采用 1~5 分制设计，得分越高技术开发越强，故样本整体在技术开发上处于中等偏上水平。

（3）样本整体在技术投入的均值得分为 3.360 ± 0.763，由于采用 1~5 分制设计，得分越高技术投入越多，故样本整体在技术投入上处于中等偏上水平。

（4）样本整体在市场需求的均值得分为 3.033 ± 0.912，由于采用 1~5 分制设计，得分越高市场需求越好，故样本整体在市场需求上处于中等偏上水平。

（5）样本整体在市场竞争的均值得分为 3.291 ± 0.589，由于采用 1~5 分制设计，得分越高市场竞争越好，故样本整体在市场竞争上处于中等偏上水平。

（6）样本整体在顾客满意度的均值得分为 3.246 ± 0.660，由于采用 1~5 分制设计，得分越高顾客满意度越好，故样本整体在顾客满意度上处于中等偏上水平。

（7）样本整体在协同效率的均值得分为 3.207 ± 0.518，由于采用 1~5 分制设计，得分越高协同效率越好，故样本整体在协同效率上处于中等偏上水平。详见表 5–10。

表 5–10 描述统计量

样本变量	N	极小值	极大值	均值	标准差
技术需求	297	1.000	5.000	3.163	0.734
技术开发	297	1.000	5.000	3.163	0.724
技术投入	297	1.000	5.000	3.360	0.763
市场需求	297	1.000	5.000	3.033	0.912
市场竞争	297	1.000	5.000	3.291	0.589

续 表

样本变量	N	极小值	极大值	均值	标准差
顾客满意度	297	1.125	5.000	3.246	0.660
协同效率	297	1.000	5.000	3.207	0.518

5.3.2 模型的相关性分析

本问卷的技术驱动包括3个方面。分别为技术需求、技术开发、技术投入，均采用1~5分制来衡量影响的大小。具体设计如下：得分越高，技术需求越强；得分越高，技术开发越强；得分越高，技术投入越大。

市场驱动包括3个方面，分别为市场需求、市场竞争、顾客满意度，均采用1~5分制来衡量影响大小。具体设计如下：得分越高，市场需求越强；得分越高，市场竞争越激烈；得分越高，顾客满意度越高。

协同效率采用1~5分制来衡量效率高低，得分越高，协同效率越高。为了了解协同效率与技术驱动、市场驱动整体及各维度之间的相关性，将前文的假设进行深化：

H1：技术需求越强，协同效率越高。

H2：技术开发越强，协同效率越高。

H3：技术投入越大，协同效率越高。

H4：市场需求越大，协同效率越高。

H5：市场竞争越大，协同效率越高。

H6：顾客满意度越高，协同效率越高。

H7：技术驱动越强，协同效率越高。

H8：市场驱动越强，协同效率越高。

利用EXCEL 2013对问卷数据绘制出散点图，将技术驱动的三个二级维度和市场驱动的三个二级维度分别与产学研协同效率构建出六组数据矩阵，散点图如图5–2所示。图5–2表明，技术需求、技术投入、技术开发、市场需求、市场竞争、顾客满意与协同效率呈现出线性相关，可假设变量间的模型为：y（协同效率）$=a_1x_1$（技术需求）$+a_2x_2$（技术开发）$+a_3x_3$（技术投入）$+a_4x_4$（市场需求）$+a_5x_5$（市场竞争）$+a_6x_6$（顾客满意度）$+e$。

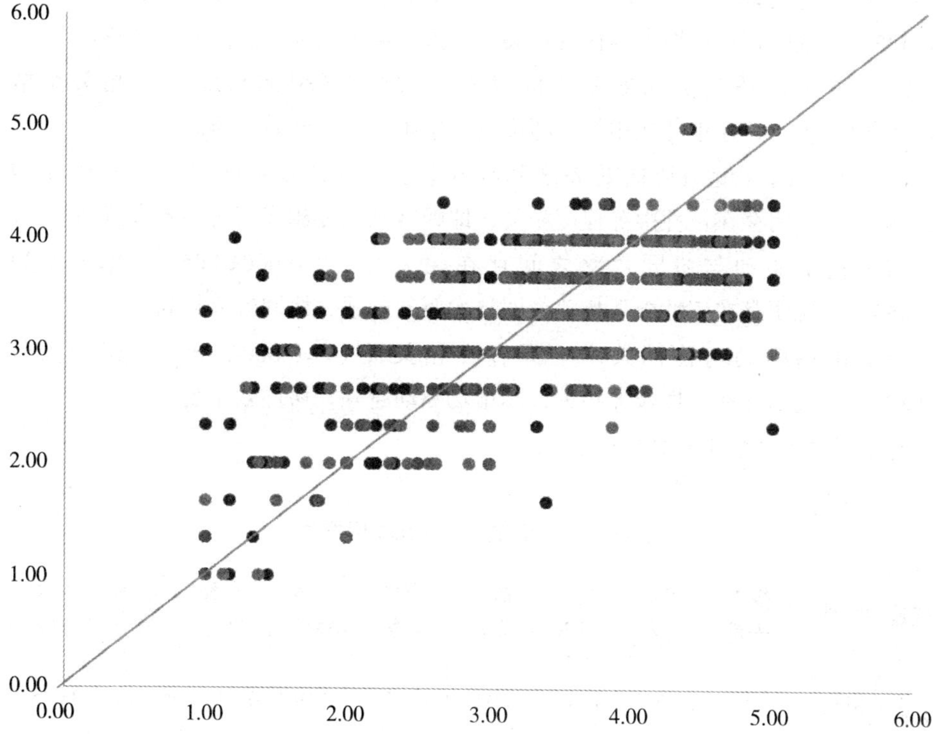

图 5-2 自变量与因变量相关散点图

本研究基于皮尔逊相关模型对以上假设进行数据验证。基于模型中的皮尔逊相关系数（总体）标准，当 R 的绝对值在 0.8 以上时则意味着变量间的关系较强；当 R 的绝对值在（0.6,0.8] 的范围内时为变量间的强相关；当其取值范围在（0.4,0.6] 之间的时候为变量间相关程度中等；当其取值范围在（0.2,0.4] 之间的时候为变量间为弱关系强度；当其取值范围在（0, 0.2] 之间意味着变量间存在极弱的相关关系；当 R 的取值为 0 时意味着变量间不存在相关关系。

在 0.05 的置信水平上，本研究得出以下结论：

（1）技术需求与协同效率之间存在相关性（P=0.000<0.05），相关系数 R=0.645**，说明存在正性强相关，即技术需求越强，协同效率越高。

（2）技术开发与协同效率之间存在相关性（P=0.000<0.05），相关系数 R=0.632**，说明存在正性强相关，即技术开发越强，协同效率越高。

（3）技术投入与协同效率之间存在相关性（P=0.000<0.05），相关系数 R=0.627**，说明存在正性强相关，即技术投入越大，协同效率越高。

（4）市场需求与协同效率之间存在相关性（P=0.000<0.05），相关系数 R=0.525**，说明存在正性中等程度相关，即市场需求越大，协同效率越高。

（5）市场竞争与协同效率之间存在相关性（P=0.000<0.05），相关系数 R=0.764**，说明存在正性强相关，即市场竞争越大，协同效率越高。

（6）顾客满意度与协同效率之间存在相关性（P=0.000<0.05），相关系数 R=0.568**，说明存在正性中等程度相关，即顾客满意度越高，协同效率越高。

（7）技术驱动与协同效率之间存在相关性（P=0.000<0.05），相关系数 R=0.855**，说明存在正性极强相关，即技术驱动越强，协同效率越高。

（8）市场驱动与协同效率之间存在相关性（P=0.000<0.05），相关系数 R=0.831**，说明存在正性极强相关，即市场驱动越强，协同效率越高。

综上所述，假设 H1~H8 均成立。

表 5-11 各变量间 Person 相关性

变量相关性		技术需求	技术开发	技术投入	市场需求	市场竞争	顾客满意度	技术驱动	市场驱动	协同效率
技术需求	相关性	1	0.635**	0.140*	0.041	0.382**	0.519**	0.790**	0.386**	0.645**
	显著性		0.000	0.016	0.485	0.000	0.000	0.000	0.000	0.000
技术开发	相关性	0.635**	1	0.214**	0.069	0.434**	0.424**	0.822**	0.381**	0.632**
	显著性	0.000		0.000	0.233	0.000	0.000	0.000	0.000	0.000
技术投入	相关性	0.140*	0.214**	1	0.629**	0.454**	0.158**	0.620**	0.602**	0.627**
	显著性	0.016	0.000		0.000	0.000	0.006	0.000	0.000	0.000
市场需求	相关性	0.041	0.069	0.629**	1	0.492**	0.029	0.340**	0.778**	0.525**
	显著性	0.485	0.233	0.000		0.000	0.624	0.000	0.000	0.000
市场竞争	相关性	0.382**	0.434**	0.454**	0.492**	1	0.368**	0.571**	0.816**	0.764**
	显著性	0.000	0.000	0.000	0.000		0.000	0.000	0.000	0.000
顾客满意度	相关性	0.519**	0.424**	0.158**	0.029	0.368**	1	0.491**	0.575**	0.568**
	显著性	0.000	0.000	0.006	0.624	0.000		0.000	0.000	0.000

续 表

变量相关性		技术需求	技术开发	技术投入	市场需求	市场竞争	顾客满意度	技术驱动	市场驱动	协同效率
技术驱动	相关性	0.790**	0.822**	0.620**	0.340**	0.571**	0.491**	1	0.618**	0.855**
	显著性	0.000	0.000	0.000	0.000	0.000	0.000		0.000	0.000
市场驱动	相关性	0.386**	0.381**	0.602**	0.778**	0.816**	0.575**	0.618**	1	0.831**
	显著性	0.000	0.000	0.000	0.000	0.000	0.000	0.000		0.000
协同效率	相关性	0.645**	0.632**	0.627**	0.525**	0.764**	0.568**	0.855**	0.831**	1
	显著性	0.000	0.000	0.000	0.000	0.000	0.000	0.000	0.000	

* 在 0.05 水平（双侧）上显著相关，N=297；

** 在 0.01 水平（双侧）上显著相关，N=297。

5.3.2 模型的回归分析与结果讨论

前文已经论证了协同效率与技术驱动各维度、市场驱动各维度变量间的相关程度，下文将根据进入式回归模型对影响产学研协同效率的主要影响因素进行逐一分析，并以此进行影响程度的排序。

复相关系数 R，也就是皮尔逊相关系数，是多元回归系数，测度的是模型中的 y 值与估计 y 值之间的相关程度大小。该系数的取值在（0，1）之间，当其取值越大则意味着模型模拟的程度越好。基于相关研究，表明在社会学科中，$R>0.4$ 意味着模型较好。而决定系数 R^2 是测度复相关系数的平方，衡量的是自变量能在多大程度上解释因变量。本书模型中的 R 值为 0.944 ，模型模拟程度较好，同时 R^2 是 0.891，意味着自变量可解释 89.1% 的因变量。见表 5–12。

表 5–12 模型汇总

模型	R	R^2	调整后的 R^2	标准误
1	0.944[a]	0.891	0.888	0.173

注：a 为预测变量：（常量），顾客满意度，市场需求，技术开发，技术投入，市场竞争，技术需求。

得到的回归模型为：y（协同效率）=$0.193x_1$（技术需求）+ $0.125x_2$（技术开

发）+0.185x_3（技术投入）+0.100x_4（市场需求）+0.266x_5（市场竞争）+0.152x_6（顾客满意度）−0.093。根据非标准系数来判断影响的大小，影响协同效率的因素按影响大小排序为“市场竞争 > 技术需求 > 技术投入 > 顾客满意度 > 技术开发 > 市场需求”。见表 5−13。

表 5−13　各变量显著性

模型	非标准化系数		标准系数	T	Sig.
	β	标准误	试用版		
（常量）	−0.093	0.070		−1.330	0.185
技术需求	0.193	0.019	0.273	10.091	0.000
技术开发	0.125	0.019	0.174	6.582	0.000
技术投入	0.185	0.018	0.273	10.527	0.000
市场需求	0.100	0.015	0.176	6.467	0.000
市场竞争	0.266	0.023	0.302	11.475	0.000
顾客满意度	0.152	0.019	0.193	8.179	0.000

注：a 为因变量：协同效率。

对假设模型分别从技术驱动和市场驱动两个层面进行逐层回归，结果见表 5−14。

表 5−14　技术驱动与市场驱动分别逐层回归表

技术驱动				市场驱动			
	模型 1	模型 2	模型 3		模型 4	模型 5	模型 6
常数项	1.539^{***}（9.083）	1.277^{***}（7.843）	0.470^{***}（3.699）	常数项	2.082^{***}（11.693）	0.979^{***}（6.695）	0.278^{***}（2.028）
技术需求	0.455^{***}（14.488）	0.296^{***}（7.812）	0.0286^{***}（10.489）	市场需求	0.295^{***}（10.176）	0.117^{***}（4.945）	0.153^{***}（7.607）

续 表

技术驱动				市场驱动			
	模型 1	模型 2	模型 3		模型 4	模型 5	模型 6
技术开发		0.256*** (6.586)	0.193*** (6.844)	市场竞争		0.598*** (16.156)	0.412*** (11.728)
技术投入			0.346*** (16.454)	顾客满意			0.315*** (11.206)
企业类型	0.015 (0.820)	0.029* (1.663)	0.015 (1.156)	企业类型	−0.026 (−1.222)	−0.037** (−2.396)	−0.014 (−1.091)
企业所处行业	0.048*** (2.914)	0.033** (2.103)	−0.004 (−0.360)	企业所处行业	0.025 (1.318)	0.013 (0.920)	0.031 (2.655)
企业成立年限	0.009 (0.333)	−0.002 (−0.085)	0.003 (0.147)	企业成立年限	−0.043 (−1.360)	−0.034 (−1.507)	0.012 (0.624)
企业注册资本	0.020 (0.578)	0.012 (0.349)	0.003 (0.112)	企业注册资本	0.063 (1.595)	0.038 (1.335)	0.013 (0.518)
企业员工数	0.025 (1.132)	0.024 (1.194)	0.008 (0.529)	企业员工数	0.037 (1.517)	0.000 (0.016)	0.007 (0.483)
所在企业职位	−0.017 (−0.472)	−0.017 (−0.510)	−0.001 (−0.059)	所在企业职位	0.025 (0.604)	−0.025 (−0.823)	−0.007 (−0.264)
R^2	0.446	0.519	0.752	R^2	0.296	0.631	0.743
调整后的 R^2	0.433*	0.505	0.745	调整后的 R^2	0.279	0.621	0.735
F 值	33.280***	38.812***	96.896***	F 值	17.383***	61.521***	92.291***

*：表示在 0.05 水平上显著相关；

**：表示在 0.01 水平上显著相关；

***：表示在 0.001 水平上显著相关。

根据表 5-14 的回归结果，分别对模型进行具体分析讨论。

模型 1 代表在技术驱动中技术需求对产学研协同创新效率间的线性关系。结果表明，其线性关系通过显著性检验表明技术需求与产学研协同创新效率存在显著的线性关系。在此基础上，分别引入技术驱动的另外两个维度：技术开发和技术投入。从模型 2 和模型 3 的检验结果来看，二者同样通过 0.01 水平的显著性检验，且系数均为正，表明技术需求、技术开发和技术投入均与产学研协同创新效率存在正向的相关性。同时，模型 1、模型 2 和模型 3 的 R^2 不断提高，表明随着新的维度引入，模型的拟合程度越来越好。

模型 4 代表市场驱动中市场需求对产学研协同创新效率间的线性关系。结果表明，市场需求与产学研协同创新效率存在显著的线性关系，通过显著性水平 0.01 的检验。逐步引入市场竞争和顾客满意后，模型 5 和模型 6 也通过 0.01 的显著性水平检验，且相关系数均为正，表明市场需求、市场竞争和顾客满意均对产学研协同创新效率存在正向影响。模型 4 到模型 6 的 R^2 不断提高，表明随着新的市场驱动因素维度的引入，模型的拟合程度越来越好。

将市场驱动各维度在技术驱动与产学研协同创新效率关系回归的基础上直接进行逐步回归，结果见表 5–15。

表 5–15 技术驱动与市场驱动逐步回归表

	模型 1	模型 2	模型 3	模型 4	模型 5	模型 6
常数项	1.539*** (9.083)	1.277*** (7.843)	0.470*** (3.699)	0.383*** (3.315)	0.158* (1.659)	–0.085 (–0.919)
技术需求	0.455*** (14.488)	0.296*** (7.812)	0.0286*** (10.489)	0.287*** (11.628)	0.241*** (11.843)	0.195*** (10.068)
技术开发		0.256*** (6.586)	0.193*** (6.844)	0.204*** (7.994)	0.136*** (6.323)	0.122*** (6.222)
技术投入			0.346*** (16.454)	0.228*** (9.418)	0.196*** (9.955)	0.183*** (10.176)
市场需求				0.158*** (7.977)	0.085*** (4.965)	0.100*** (6.379)
市场竞争					0.317*** (12.333)	0.264*** (10.807)
顾客满意						0.158*** (7.813)

续 表

	模型 1	模型 2	模型 3	模型 4	模型 5	模型 6
企业类型	0.015 （0.820）	0.029* （1.663）	0.015 （1.156）	0.008 （0.662）	−0.007 （−0.704）	0.001 （0.064）
企业所处行业	0.048*** （2.914）	0.033** （2.103）	−0.004 （−0.360）	−0.004 （0.370）	−0.004 （−0.483）	0.006 （0.767）
企业成立年限	0.009 （0.333）	−0.002 （−0.085）	0.003 （0.147）	−0.002 （−0.135）	−0.005 （−0.356）	0.014 （1.067）
企业注册资本	0.020 （0.578）	0.012 （0.349）	0.003 （0.112）	0.003 （0.151）	0.003 （0.185）	−0.005 （−0.292）
企业员工数	0.025 （1.132）	0.024 （1.194）	0.008 （0.529）	−0.001 （−0.052）	−0.012 （−1.143）	−0.007 （−0.665）
所在企业职位	−0.017 （−0.472）	−0.017 （−0.510）	−0.001 （−0.059）	0.004 （0.174）	−0.018 （−0.985）	−0.009 （−0.559）
R^2	0.446	0.519	0.752	0.797	0.868	0.891
调整后的 R^2	0.433	0.505	0.745	0.790	0.863	0.887
F 值	33.280***	38.812***	96.896***	112.603***	170.279***	194.058***

*：表示在 0.05 水平上显著相关；

**：表示在 0.01 水平上显著相关；

***：表示在 0.001 水平上显著相关。

从表 5-15 可以看出，技术驱动和市场驱动的各个维度均通过 0.01 的显著性水平检验，而且系数均为正，说明技术驱动和市场驱动与产学研协同创新效率呈正相关线性关系。根据模型线性回归系数的大小，对协同效率影响最大的为市场竞争。现代市场的竞争激烈程度，使得企业生存发展愈发不确定，企业的生命周期变得越来越短，因而市场竞争致使企业不断进行创新，以获取竞争力。其次是技术需求和技术投入。对技术的渴求和对技术的投入能够产生明显的创新动力，产学研协同组织因而能获得源源不断的资金支持，进而创造出更多的创新成果。但市场需求的系数靠后，原因可能是市场需求作为已经明显存在或者还未显现，使得其在产学研协同创新过程中表现出来的影响作用趋小。从 R^2 的变化可以看出，随着维度的加入，R^2 不断增大，最终达到 0.887，说明整体模型的拟合度较为优秀。

5.4 差异性分析

5.4.1 不同企业性质的差异性分析

将公司类型与技术需求、技术开发、技术投入、市场需求、市场竞争、顾客满意度、技术驱动、市场驱动、协同效率等变量构建单因素方差分析模型，在 0.05 的置信水平上，本研究得出了以下几个方面的结论（见表 5–16）。

不同企业类型在技术需求、技术开发、技术投入、技术驱动、市场驱动、协同效率上不存在显著性差异性（P 均大于 0.05）。

不同企业类型在市场需求上存在显著性差异（$P=0.006<0.05$），结合均值可以看出，合资股份企业在市场需求上的得分远高于其他企业，由于题目的设定为得分越高市场需求越强，故合资股份企业在市场需求上的重视度要远高于其他企业。

不同企业类型在市场竞争上存在显著性差异（$P=0.002<0.05$），结合均值可以看出，外资企业在市场竞争上的得分远高于其他企业，由于题目的设定为得分越高市场竞争越强，故外资企业在市场竞争上的重视度要远高于其他企业。

不同企业类型在顾客满意度上存在显著性差异（$P=0.039<0.05$），结合均值可以看出，集体企业在顾客满意度上的得分远高于其他企业，由于题目的设定为得分越高顾客满意度越好，故集体企业在顾客满意度上要远高于其他企业。

表 5–16 不同企业类型的差异性

发展因子	企业类型	N	均 值	标准差	标准误	F	显著性
技术需求	国有	96	3.267	0.775	0.079	0.757	0.554
	集体	36	3.114	0.724	0.121		
	私有	111	3.114	0.750	0.071		

续　表

发展因子	企业类型	N	均　值	标准差	标准误	F	显著性
技术需求	外资	33	3.077	0.687	0.120	0.757	0.554
	合资股份	21	3.169	0.524	0.114		
	总数	297	3.163	0.734	0.043		
技术开发	国有	96	3.332	0.763	0.078	2.010	0.093
	集体	36	3.074	0.777	0.130		
	私有	111	3.068	0.620	0.059		
	外资	33	3.101	0.794	0.138		
	合资股份	21	3.151	0.774	0.169		
	总数	297	3.163	0.724	0.042		
技术投入	国有	96	3.350	0.778	0.079	0.956	0.432
	集体	36	3.234	0.708	0.118		
	私有	111	3.331	0.745	0.071		
	外资	33	3.489	0.935	0.163		
	合资股份	21	3.578	0.549	0.120		
	总数	297	3.360	0.763	0.044		
市场需求	国有	96	2.996	0.845	0.086	3.653	0.006
	集体	36	2.878	0.924	0.154		
	私有	111	2.915	0.873	0.083		
	外资	33	3.418	1.109	0.193		
	合资股份	21	3.486	0.824	0.180		
	总数	297	3.033	0.912	0.053		
市场竞争	国有	96	3.283	0.601	0.061	4.489	0.002
	集体	36	3.125	0.547	0.091		
	私有	111	3.217	0.523	0.050		

续 表

发展因子	企业类型	N	均 值	标准差	标准误	F	显著性
市场竞争	外资	33	3.615	0.671	0.117	4.489	0.002
	合资股份	21	3.495	0.607	0.132		
	总数	297	3.291	0.589	0.034		
顾客满意度	国有	96	3.318	0.700	0.071	2.559	0.039
	集体	36	3.375	0.632	0.105		
	私有	111	3.260	0.645	0.061		
	外资	33	3.027	0.620	0.108		
	合资股份	21	2.964	0.552	0.120		
	总数	297	3.246	0.660	0.038		
技术驱动	国有	96	3.316	0.590	0.060	1.241	0.294
	集体	36	3.141	0.523	0.087		
	私有	111	3.171	0.510	0.048		
	外资	33	3.223	0.603	0.105		
	合资股份	21	3.299	0.495	0.108		
	总数	297	3.229	0.549	0.032		
市场驱动	国有	96	3.199	0.536	0.055	1.613	0.171
	集体	36	3.126	0.434	0.072		
	私有	111	3.131	0.528	0.050		
	外资	33	3.353	0.577	0.101		
	合资股份	21	3.315	0.455	0.099		
	总数	297	3.190	0.523	0.030		
协同效率	国有	96	3.257	0.540	0.055	1.780	0.133
	集体	36	3.093	0.441	0.073		
	私有	111	3.144	0.494	0.047		

发展因子	企业类型	N	均　值	标准差	标准误	F	显著性
协同效率	外资	33	3.343	0.604	0.105	1.780	0.133
	合资股份	21	3.286	0.486	0.106		
	总数	297	3.207	0.518	0.030		

5.4.2　不同行业类型的差异性分析

将所处行业与技术需求、技术开发、技术投入、市场需求、市场竞争、顾客满意度、技术驱动、市场驱动、协同效率构建单因素方差分析模型，在 95% 的置信区间上，得到以下结论（见表 5–17）。

不同行业的企业在技术需求上不存在显著性差异（P=0.787>0.05）。

不同行业的企业在技术开发上存在显著性差异（P=0.037<0.05），结合均值可以看出，金融行业在技术开发上的得分高于其他行业，由于题目的设定为得分越高技术开发越强，故金融行业在技术开发的重视度上要高于其他行业。

不同行业的企业在技术投入上存在显著性差异（P=0.000<0.05），结合均值可以看出，金融行业在技术投入上的得分高于其他行业，由于题目的设定为得分越高技术投入越大，故金融行业在技术投入上高于其他行业。

不同行业的企业在市场需求上存在显著性差异（P=0.000<0.05），结合均值可以看出，金融行业在市场需求上的得分高于其他行业，由于题目的设定为得分越高市场需求越大，故金融行业在市场需求的重视度上要高于其他行业。

不同行业的企业在市场竞争上存在显著性差异（P=0.000<0.05），结合均值可以看出，金融行业在市场竞争上的得分高于其他行业，由于题目的设定为得分越高市场竞争越大，故金融行业在市场竞争的重视度上要高于其他行业。

不同行业的企业在顾客满意度上存在显著性差异（P=0.002<0.05），结合均值可以看出，电商行业在顾客满意度上的得分高于其他行业，由于题目的设定为得分越高顾客满意度越大，故电商行业在顾客满意度上高于其他行业。

不同行业的企业在技术驱动上存在显著性差异（P=0.014<0.05），结合均值可以看出，金融行业在技术驱动上的得分高于其他行业，由于题目的设定为得分越高技术驱动越强，故金融行业在技术驱动的重视度上要高于其他行业。

不同行业的企业在市场驱动上存在显著性差异（P=0.007<0.05），结合均值可

以看出，金融行业在市场驱动上的得分高于其他行业，由于题目的设定为得分越高市场驱动越强，故金融行业在市场驱动的重视度上要高于其他行业。

不同行业的企业在协同效率上存在显著性差异（$P=0.001<0.05$），结合均值可以看出，金融行业在协同效率上的得分高于其他行业，由于题目的设定为得分越高协同效率越高，故金融行业在协同效率上要高于其他行业。

表 5-17 不同行业的差异性

发展因子	行业类型	N	均 值	标准差	标准误	F	显著性
技术需求	制造业	176	3.185	0.774	0.058	0.486	0.787
	物流运输业	60	3.087	0.797	0.103		
	电商	15	3.096	0.498	0.129		
	金融业	19	3.082	0.225	0.052		
	房地产	13	3.393	0.536	0.149		
	其他非制造行业	14	3.190	0.798	0.213		
	总数	297	3.163	0.734	0.043		
技术开发	制造业	176	3.119	0.723	0.055	2.400	0.037
	物流运输业	60	3.053	0.779	0.101		
	电商	15	3.233	0.623	0.161		
	金融业	19	3.623	0.509	0.117		
	房地产	13	3.423	0.738	0.205		
	其他非制造行业	14	3.250	0.619	0.166		
	总数	297	3.163	0.724	0.042		
技术投入	制造业	176	3.229	0.767	0.058	6.076	0.000
	物流运输业	60	3.414	0.760	0.098		
	电商	15	3.305	0.683	0.176		
	金融业	19	4.143	0.326	0.075		

续 表

发展因子	行业类型	N	均 值	标准差	标准误	F	显著性
技术投入	房地产	13	3.505	0.608	0.169	6.076	0.000
	其他非制造行业	14	3.643	0.688	0.184		
	总数	297	3.360	0.763	0.044		
市场需求	制造业	176	2.944	0.900	0.068	5.475	0.000
	物流运输业	60	2.967	0.849	0.110		
	电商	15	3.013	1.194	0.308		
	金融业	19	4.042	0.560	0.128		
	房地产	13	3.138	0.988	0.274		
	其他非制造行业	14	2.986	0.529	0.141		
	总数	297	3.033	0.912	0.053		
市场竞争	制造业	176	3.234	0.554	0.042	10.044	0.000
	物流运输业	60	3.165	0.645	0.083		
	电商	15	3.580	0.516	0.133		
	金融业	19	4.074	0.328	0.075		
	房地产	13	3.392	0.448	0.124		
	其他非制造行业	14	3.093	0.305	0.082		
	总数	297	3.291	0.589	0.034		
顾客满意度	制造业	176	3.307	0.672	0.051	3.978	0.002
	物流运输业	60	3.200	0.669	0.086		
	电商	15	3.533	0.608	0.157		
	金融业	19	2.678	0.394	0.090		
	房地产	13	3.163	0.526	0.146		
	其他非制造行业	14	3.214	0.553	0.148		
	总数	297	3.246	0.660	0.038		

续 表

发展因子	行业类型	N	均　值	标准差	标准误	F	显著性
技术驱动	制造业	176	3.178	0.551	0.042	2.913	0.014
	物流运输业	60	3.185	0.639	0.082		
	电商	15	3.211	0.399	0.103		
	金融业	19	3.616	0.253	0.058		
	房地产	13	3.441	0.360	0.100		
	其他非制造行业	14	3.361	0.463	0.124		
技术驱动	总数	297	3.229	0.549	0.032		
市场驱动	制造业	176	3.162	0.521	0.039	3.292	0.007
	物流运输业	60	3.111	0.590	0.076		
	电商	15	3.376	0.543	0.140		
	金融业	19	3.598	0.252	0.058		
	房地产	13	3.231	0.385	0.107		
	其他非制造行业	14	3.098	0.345	0.092		
	总数	297	3.190	0.523	0.030		
协同效率	制造业	176	3.161	0.496	0.037	4.053	0.001
	物流运输业	60	3.139	0.636	0.082		
	电商	15	3.289	0.434	0.112		
	金融业	19	3.667	0.248	0.057		
	房地产	13	3.385	0.405	0.112		
	其他非制造行业	14	3.190	0.363	0.097		
	总数	297	3.207	0.518	0.030		

5.4.3 不同成立年限的差异性分析

将企业成立年限与技术需求、技术开发、技术投入、市场需求、市场竞争、顾客满意度、技术驱动、市场驱动、协同效率构建单因素方差分析模型，在 95% 的置信区间上，得到以下结论（见表 5–18）。

不同企业成立年限在技术需求、技术开发、技术投入、市场需求、技术驱动、市场驱动、协同效率上不存在显著性差异（P 均大于 0.05）。

不同企业成立年限在市场竞争上存在显著性差异（$P=0.031<0.05$），结合均值可以看出，成立年限在 6~10 年的企业在市场竞争上的得分高于其他企业，由于题目的设定为得分越高，市场竞争越强，故成立年限在 6~10 年的企业在市场竞争上的重视度要高于其他企业。

不同企业成立年限在顾客满意度上存在显著性差异（$P=0.000<0.05$），结合均值可以看出，成立年限在 3 年及以下的企业在顾客满意度上的得分高于其他企业，由于题目的设定为得分越高顾客满意度越高，故成立年限在 3 年及以下的企业在顾客满意度上要高于其他企业。

表 5–18　不同成立年限企业的差异性

发展因子	企业年限	N	均　值	标准差	标准误	F	显著性
技术需求	3 年及以下	96	3.190	0.769	0.078	0.432	0.731
	4~5 年	81	3.184	0.760	0.084		
	6~10 年	71	3.180	0.681	0.081		
	10 年以上	49	3.054	0.708	0.101		
	总数	297	3.163	0.734	0.043		
技术开发	3 年及以下	96	3.146	0.655	0.067	0.473	0.701
	4~5 年	81	3.103	0.770	0.086		
	6~10 年	71	3.237	0.686	0.081		
	10 年以上	49	3.190	0.831	0.119		
	总数	297	3.163	0.724	0.042		
技术投入	3 年及以下	96	3.313	0.753	0.077	0.876	0.454
	4~5 年	81	3.316	0.765	0.085		
	6~10 年	71	3.370	0.804	0.095		
	10 年以上	49	3.513	0.720	0.103		

续 表

发展因子	企业年限	N	均　值	标准差	标准误	F	显著性
技术投入	总数	297	3.360	0.763	0.044	0.876	0.454
市场需求	3 年及以下	96	2.917	0.852	0.087	2.332	0.074
	4~5 年	81	2.938	0.871	0.097		
	6~10 年	71	3.124	0.910	0.108		
	10 年以上	49	3.286	1.050	0.150		
	总数	297	3.033	0.912	0.053		
市场竞争	3 年及以下	96	3.172	0.559	0.057	2.990	0.031
	4~5 年	81	3.263	0.568	0.063		
	6~10 年	71	3.421	0.589	0.070		
	10 年以上	49	3.384	0.644	0.092		
	总数	297	3.291	0.589	0.034		
顾客满意度	3 年及以下	96	3.415	0.657	0.067	8.859	0.000
	4~5 年	81	3.265	0.694	0.077		
	6~10 年	71	3.271	0.620	0.074		
	10 年以上	49	2.844	0.496	0.071		
	总数	297	3.246	0.660	0.038		
技术驱动	3 年及以下	96	3.216	0.564	0.058	0.205	0.893
	4~5 年	81	3.201	0.587	0.065		
	6~10 年	71	3.262	0.455	0.054		
	10 年以上	49	3.253	0.592	0.085		
	总数	297	3.229	0.549	0.032		
市场驱动	3 年及以下	96	3.168	0.552	0.056	0.775	0.509
	4~5 年	81	3.156	0.544	0.060		
	6~10 年	71	3.272	0.472	0.056		
	10 年以上	49	3.171	0.506	0.072		

续 表

发展因子	企业年限	N	均　值	标准差	标准误	F	显著性
市场驱动	总数	297	3.190	0.523	0.030	0.775	0.509
协同效率	3 年及以下	96	3.177	0.543	0.055	0.750	0.523
	4~5 年	81	3.169	0.545	0.061		
	6~10 年	71	3.282	0.457	0.054		
	10 年以上	49	3.218	0.512	0.073		
	总数	297	3.207	0.518	0.030		

5.4.4 不同注册资本的差异性分析

将企业注册资本与技术需求、技术开发、技术投入、市场需求、市场竞争、顾客满意度、技术驱动、市场驱动、协同效率构建单因素方差分析模型，在 95% 的置信区间上，得到以下结论（见表 5-19）。

不同企业注册资本在技术需求、技术开发、市场需求、顾客满意度、技术驱动上不存在差异性（P 均大于 0.05）。

不同企业注册资本在技术投入上存在显著性差异（$P=0.027<0.05$），结合均值可以看出，企业注册资本在 5 亿元以上在技术投入上得分高于其他企业，由于题目的设定为得分越高技术投入越强，故企业注册资本在 5 亿元以上的企业在技术投入上高于其他企业。

不同企业注册资本在市场竞争上存在显著性差异（$P=0.018<0.05$），结合均值可以看出，企业注册资本在 5 亿元以上在市场竞争上得分高于其他企业，由于题目的设定为得分越高市场竞争越高，故企业注册资本在 5 亿元以上的企业在市场竞争上的重视度要高于其他企业。

不同企业注册资本在市场驱动上存在显著性差异（$P=0.031<0.05$），结合均值可以看出，企业注册资本在 5 亿元以上在市场驱动上得分高于其他企业，由于题目的设定为得分越高市场驱动越强，故企业注册资本在 5 亿元以上的企业在市场驱动上的重视度要高于其他企业。

不同企业注册资本在协同效率上存在显著性差异（$P=0.041<0.05$），结合均值可以看出，企业注册资本在 5 亿元以上在协同效率上得分高于其他企业，由于题目

的设定为得分越高协同效率越高，故企业注册资本在5亿元以上的企业在协同效率上高于其他企业。

表5-19　不同注册资本企业的差异性

发展因子	注册资本	N	均　值	标准差	标准误	F	显著性
技术需求	1 000万元~5 000万元	13	3.017	0.857	0.238	0.524	0.666
	5 000万元~1亿元	48	3.083	0.709	0.102		
	1亿元~5亿元	196	3.177	0.753	0.054		
	5亿元以上	40	3.239	0.636	0.101		
	总数	297	3.163	0.734	0.043		
技术开发	1 000万元~5 000万元	13	2.897	0.696	0.193	1.241	0.295
	5 000万元~1亿元	48	3.122	0.824	0.119		
	1亿元~5亿元	196	3.160	0.711	0.051		
	5亿元以上	40	3.317	0.656	0.104		
	总数	297	3.163	0.724	0.042		
技术投入	1 000万元~5 000万元	13	3.220	0.367	0.102	3.103	0.027
	5 000万元~1亿元	48	3.479	0.844	0.122		
	1亿元~5亿元	196	3.283	0.769	0.055		
	5亿元以上	40	3.643	0.649	0.103		
	总数	297	3.360	0.763	0.044		

续 表

发展因子	注册资本	N	均　值	标准差	标准误	F	显著性
市场需求	1 000 万元~5 000 万元	13	2.815	0.614	0.170	2.642	0.050
	5 000 万元~1 亿元	48	3.267	0.969	0.140		
	1 亿元~5 亿元	196	2.947	0.909	0.065		
	5 亿元以上	40	3.245	0.879	0.139		
	总数	297	3.033	0.912	0.053		
市场竞争	1 000 万元~5 000 万元	13	3.054	0.299	0.083	3.399	0.018
	5 000 万元~1 亿元	48	3.431	0.650	0.094		
	1 亿元~5 亿元	196	3.237	0.595	0.043		
	5 亿元以上	40	3.465	0.486	0.077		
	总数	297	3.291	0.589	0.034		
顾客满意度	1 000 万元~5 000 万元	13	2.923	0.695	0.193	1.196	0.312
	5 000 万元~1 亿元	48	3.221	0.679	0.098		
	1 亿元~5 亿元	196	3.276	0.659	0.047		
	5 亿元以上	40	3.234	0.626	0.099		
	总数	297	3.246	0.660	0.038		
技术驱动	1 000 万元~5 000 万元	13	3.045	0.478	0.132	1.898	0.130
	5 000 万元~1 亿元	48	3.228	0.620	0.089		
	1 亿元~5 亿元	196	3.207	0.553	0.039		
	5 亿元以上	40	3.399	0.430	0.068		
	总数	297	3.229	0.549	0.032		

续　表

发展因子	注册资本	N	均　值	标准差	标准误	F	显著性
市场驱动	1 000 万元 ~ 5 000 万元	13	2.931	0.461	0.128	2.996	0.031
	5 000 万元 ~1 亿元	48	3.306	0.603	0.087		
	1 亿元 ~5 亿元	196	3.153	0.517	0.037		
	5 亿元以上	40	3.315	0.421	0.067		
	总数	297	3.190	0.523	0.030		
协同效率	1 000 万元 ~ 5 000 万元	13	2.974	0.480	0.133	2.787	0.041
	5 000 万元 ~1 亿元	48	3.278	0.589	0.085		
	1 亿元 ~5 亿元	196	3.172	0.509	0.036		
	5 亿元以上	40	3.367	0.445	0.070		
	总数	297	3.207	0.518	0.030		

5.4.5　不同员工规模的差异性分析

将企业员工数与技术需求、技术开发、技术投入、市场需求、市场竞争、顾客满意度、技术驱动、市场驱动、协同效率构建单因素方差分析模型，在 95% 的置信区间上，得到以下结论（见表 5-20）。

不同员工数的企业在技术需求、技术开发、技术投入、顾客满意度、技术驱动、协同效率上不存在差异性（P 均大于 0.05）。

不同员工数的企业在市场需求上存在显著性差异（P=0.000<0.05），结合均值可以看出，员工数在 1 000~3 000 人的企业在市场需求的得分上要高于其他企业，由于题目的设定为得分越高市场需求越大，故员工数在 1 000~3 000 人的企业在市场需求的重视度上高于其他企业。

不同员工数的企业在市场竞争上存在显著性差异（P=0.003<0.05），结合均值可以看出，员工数在 1 000~3 000 人的企业在市场竞争的得分上要高于其他企业，由于题目的设定为得分越高市场竞争越强，故员工数在 1 000~3 000 人的企业在市

场竞争的重视度上高于其他企业。

不同员工数的企业在市场驱动上存在显著性差异（$P=0.008<0.05$），结合均值可以看出，员工数在 100~500 人的企业在市场驱动的得分上要高于其他企业，由于题目的设定为得分越高市场驱动越强，故员工数在 100~500 人的企业在市场驱动的重视度上高于其他企业。

表 5-20 不同员工数企业的差异性

发展因子	员工数量	N	均 值	标准差	标准误	F	显著性
技术需求	100 人以下	95	3.127	0.758	0.078	0.471	0.757
	100~500 人	42	3.209	0.677	0.104		
	500~1 000 人	71	3.094	0.747	0.089		
	1 000~3 000 人	58	3.239	0.730	0.096		
	3 000 人以上	31	3.229	0.739	0.133		
	总数	297	3.163	0.734	0.043		
技术开发	100 人以下	95	3.046	0.656	0.067	1.325	0.261
	100~500 人	42	3.329	0.813	0.125		
	500~1 000 人	71	3.183	0.684	0.081		
	1 000~3 000 人	58	3.227	0.754	0.099		
	3 000 人以上	31	3.134	0.809	0.145		
	总数	297	3.163	0.724	0.042		
技术投入	100 人以下	95	3.227	0.693	0.071	1.252	0.289
	100~500 人	42	3.435	0.871	0.134		
	500~1 000 人	71	3.366	0.695	0.082		
	1 000~3 000 人	58	3.480	0.866	0.114		
	3 000 人以上	31	3.429	0.743	0.133		
	总数	297	3.360	0.763	0.044		

续 表

发展因子	员工数量	N	均 值	标准差	标准误	F	显著性
市场需求	100 人以下	95	2.701	0.787	0.081	5.415	0.000
	100~500 人	42	3.262	0.908	0.140		
	500~1 000 人	71	3.152	0.958	0.114		
	1 000~3 000 人	58	3.272	0.901	0.118		
	3 000 人以上	31	3.019	0.946	0.170		
	总数	297	3.033	0.912	0.053		
市场竞争	100 人以下	95	3.103	0.498	0.051	4.063	0.003
	100~500 人	42	3.357	0.582	0.090		
	500~1 000 人	71	3.327	0.565	0.067		
	1 000~3 000 人	58	3.436	0.649	0.085		
	3 000 人以上	31	3.426	0.676	0.121		
	总数	297	3.291	0.589	0.034		
顾客满意度	100 人以下	95	3.313	0.675	0.069	2.362	0.053
	100~500 人	42	3.369	0.679	0.105		
	500~1 000 人	71	3.301	0.652	0.077		
	1 000~3 000 人	58	3.091	0.594	0.078		
	3 000 人以上	31	3.036	0.669	0.120		
	总数	297	3.246	0.660	0.038		
技术驱动	100 人以下	95	3.133	0.519	0.053	1.452	0.217
	100~500 人	42	3.325	0.621	0.096		
	500~1 000 人	71	3.214	0.494	0.059		
	1 000~3 000 人	58	3.316	0.571	0.075		
	3 000 人以上	31	3.264	0.598	0.107		
	总数	297	3.229	0.549	0.032		

续 表

发展因子	员工数量	N	均 值	标准差	标准误	F	显著性
市场驱动	100 人以下	95	3.039	0.479	0.049	3.483	0.008
	100~500 人	42	3.329	0.558	0.086		
	500~1 000 人	71	3.260	0.538	0.064		
	1 000~3 000 人	58	3.266	0.522	0.069		
	3 000 人以上	31	3.160	0.493	0.089		
	总数	297	3.190	0.523	0.030		
协同效率	100 人以下	95	3.095	0.514	0.053	2.200	0.069
	100~500 人	42	3.317	0.575	0.089		
	500~1 000 人	71	3.192	0.453	0.054		
	1 000~3 000 人	58	3.305	0.520	0.068		
	3 000 人以上	31	3.247	0.551	0.099		
	总数	297	3.207	0.518	0.030		

5.5 本章小结

通过对已有研究成果的梳理，本章对技术驱动和市场驱动对产学研效率的影响进行实证研究分析，共构建 6 个假设，归纳已有的成熟量表指标，并结合研究内容的实际情况，进行了指标选取与确定，并利用问卷调查进行模型的实证检验。本次问卷调查共发放问卷 500 份，回收有效问卷 297 份，KMO 检验结果表明问卷的信度和效度均表现较好。对问卷数据进行整理，通过回归分析检验，可知自变量对因变量的解释效果得到验证。同时，分别分析了不同企业类型、行业类型、企业成立年限、企业注册资本、员工规模在技术驱动、市场驱动和产学研协同效率上的差异性。

6 产学研协同创新效率的 DEA 评价

实证表明技术驱动、市场驱动与企业产学研协同创新效率均呈现正向相关，那么前两类驱动因素下的企业产学研协同效率水平如何呢？本章利用 DEA 评价方法对 C 城市群地区进行产学研协同效率评价，通过前文构建的量表指标调查湖南省 C 市、Z 市和 X 市三地的企业产学研协同创新项目情况，并构建协同创新效率的评价指标；采用“投入 – 产出”模型，将产学研协同创新分为知识协同开发阶段和知识成果转化阶段，从技术驱动和市场驱动两个方面对三市企业产学研协同创新效率做出参考性的评估。

6.1 DEA 模型构建

6.1.1 DEA 模型

6.1.1.1 DEA 起源

DEA 方法最初的思想来源于 Farrell[136]，通过“最优生产前沿”来判断评价对象是否有效。利用线性规划这一工具可计算出最优的生产前沿，也就是通常所说的效率边界，从而实现对技术和资源的最优配置，最后将两者乘积作为评价对象总的生产效率。Farrell 原理是基于以下三个方面的假设：其一，最有效率的决策单元是生产前沿的重要构成部分；其二，每个决策单元的规模报酬是固定不变的；其三，生产前沿是凸向原点的，且生产前沿上每一点的斜率都不是正数。直到 20 世纪中叶左右，著名学者 A. Charens 和 W. W. Cooper[137] 才正式提出数据包络分析方法，又称为 DEA（Data Envelopment Analysis）方法，主要用于解决生产过程中效率的相对评价问题。这个方法一经提出，便受到了极大关注，各领域学者们纷纷投入对 DEA 方法的理论扩展及应用研究上。随着对 DEA 方法的不断深入研究，其应用范围不断延伸至管理科学、系统工程、数学、效率评价等领域。DEA 方法主要是对多投入、多产出的决策单元进行相对效率的评价，多投入、多产出概念是由单投入、单产出这一工程效率思想不断扩展和演进而来的。这一方法得到了学界的广泛认可，主要是因为它具有算法上的优越性，可以有效地降低计算误差。DEA 方法的解决思路是：通过一条数据包络线（类似于微观经济学领域的生产函数线）进行线性规划找出最优点，并在此基础上用折线将最优点进行联结，从而形成最优的一个包络面，也就是最优的前沿面，然后将每个决策单元的投入、产出映射在二维空间上，寻找其边界点。在数据包络线上的点可以视为有效率的点，记作 1；没有落在线上的点，则认为是无效率的点，记作 0；同时指定一个有效率的点作为基准点，可以计算出其他点的相对效率。

以相对效率为基础理念的 DEA 方法，通过借助线性规划的数学知识来计算决策单元之间的相对效率，完成对评价对象的测度。本理念充分考虑了决策单元的投入和产出，而且均是最优的投入和产出，因此在此基础上得出的信息能完整客观地反映评价对象，这也是 DEA 方法具有的解决多投入多产出问题的优势。

从数据包络分析技术提出至今，不同领域的学者都关注到其作为数据分析的工具的实用性和有效性。因此，在很短的时间内，DEA 方法在多个领域内的应用成果不断涌现，如将 DEA 方法用于分析城镇经济情况 [138]、金融机构效率评价、公共事业管理现状分析等。学者 A. Charens 和 W. W. Cooper 提出的第一个 DEA 模型是经典的 CCR 模型，之后，为了适应新领域新场景的使用，不同领域的学者根据实际条件对 DEA 模型进行了发展。1984 年 Banker 给出了 BCC 模型 [139]，Charnes 等人在 1985 年给出了 C^2GS^2 模型 [140]，随后，他们又在四年之后的 1989 年提出了体现决策者偏好信息的 C^2WH 模型。截至目前，DEA 方法模型已有上百种之多，因此也可以看出，DEA 方法的实用性和有效性广受学术界认同。

6.1.1.2 DEA 基本概念

（1）投入与产出。在系统学研究领域的表述语言中，投入与产出通常表示一个系统或组织的输入和输出，即流入系统的资源集合以及经过系统的一系列转化后得到的各种产品、服务等。在实际经济等各领域生产活动中，投入和产出的效率问题很少是一维问题，大多数情况下，一个系统的运行需要多种资源或生产要素的投入，而所要关注和研究的产出指标也不止一项，因此，投入与产出的效率评价是一个复杂的多维问题。学者盛昭瀚等人在《DEA 理论、方法与应用》一书 [141] 中对投入和产出的性质做了研究，总结归纳出以下三类性质：一是产出的可自由处理性，也就是说在生产过程中，增加一定的生产要素和生产资源并不会导致最终产出的降低，减少资源和生产要素的投入也不会导致最终产出的增加；二是要具有量纲无关性，投入产出的资源往往是不同种类，量纲也不统一，要使效率的计算避免量纲不同的影响，在不同决策单元中达到统一的评价标准，DEA 计算模型具有量纲无关性；三是要求消极投入，积极产出，即资源和生产要素投入越少，所得的最终产出越多，则效率越高。但是往往在实际生产过程中，并不是所有的产出都是所期望获得的产出，还有一部分产出是非期望产出，如在政治绩效考核评价时，总是希望 GDP 越高越好，此时的 GDP 可看作产出，而伴随着高 GDP 值的往往也会有空气污染、土壤破坏、污水排放超标等环境方面的成本，这部分成本被称为非期望产出或者负产出。在涉及此类数据处理时，目前也存在多种方法，常用的有取倒数法，也可以将非期望产出归为资源投入，即资源的投入量为生产要素等的投入加上非期望产出部分，从而消除非期望产出对效率评价的影响。

（2）决策单元。一个完整的生产经营活动，需要投入一定数量的资源或生产要素，然后经过系统或生产单元的组织，最后生产转化出需要的最终产品或服务。在生产进行的过程中，往往涉及一系列决策，这样的一个系统或者生产单元称为决策单元[145]。决策单元是 DEA 用来评价相对效率的单位，研究 DEA 效率即研究各个决策单元的投入产出效率。决策单元是一个广义的概念，随着研究问题的不同可以将决策单元定义为大小不同的范围。如一个物流配送系统的某个具体环节可以看作一个决策单元，而整个物流配送过程也可以看作一个决策单元，决策单元的选择取决于人们研究问题的层次，但是都要满足同质性这一基本条件。一般而言，具备相同性质的决策单元主体，会体现以下三个重要特征：一是各个决策单元之间投入和产出指标的数量要一致，二是决策单元外部环境要一致，三是决策单元之间要有共同的目标和任务。然而实际情况往往并不理想，如输入指标有 5 个，而产出指标只有 3 个，不符合第一个特征，针对诸如此类的情况，学者们也通过研究寻找到了一些处理方法[148]。

（3）生产可能集。生产可能集包括了所有可能的生产活动的集合[145]，若所研究的生产活动包括 n 个决策单元，则表示为 $\text{DMU}_j(j=1,2,\cdots,n)$。在生产活动进行过程中，有 m 种资源流入决策单元 DMU_j 中，并形成 s 种产出，投入和产出分别表示为 $x_{ij}(i=1,2,\cdots,m)$ 和 $y_{rj}(r=1,2,\cdots,s)$，那么投入和产出的向量可分别表示为 $\boldsymbol{X}_j(x_{1j},x_{2j},\cdots,x_{mj})$ 和 $\boldsymbol{Y}_j(y_{1j},y_{2j},\cdots,x_{sj})$。用 T 表示生产可能集，则根据其定义，可以表示为：

$$T=\{(\boldsymbol{X},\boldsymbol{Y})|\text{ 由投入 }\boldsymbol{X}\text{ 生产出产出 }\boldsymbol{Y}\}$$

可能集是数据包络分析中的核心概念，其定义要满足以下四个公理。

第一个是凸性。若任意两个生产过程 $(\boldsymbol{X},\boldsymbol{Y})$ 和 $(\boldsymbol{X}',\boldsymbol{Y}')$ 属于生产可能集，它们

的线性组合也属于该生产可能集，则可以说明这个生产可能集满足凸性公理，即若 $(\boldsymbol{X},\boldsymbol{Y})\in T$ 且 $(\boldsymbol{X}',\boldsymbol{Y}')\in T$，同时对于 $\forall\alpha\in[0,1]$，存在 $\alpha(\boldsymbol{X},\boldsymbol{Y})+(1-\alpha)(\boldsymbol{X},\boldsymbol{Y})\in T$。

第二个是锥形，即若存在生产过程 $(\boldsymbol{X},\boldsymbol{Y})\in T$ 且 $k\geqslant 0$，则得 $k(\boldsymbol{X},\boldsymbol{Y})=(k\boldsymbol{X},k\boldsymbol{Y})\in T$。该公理表示若增加决策单元的资源投入为原来的 k 倍，则经过决策单元的生产经营后，最终产出将可能成为原来的 k 倍。

第三个是无效性，即决策者可以增加资源的投入或者减少最终的产出量。公式表示为当 $(\boldsymbol{X},\boldsymbol{Y})\in T$ 时，如果存在 $\boldsymbol{X}'\geqslant\boldsymbol{X}$，那么有 $(\boldsymbol{X}',\boldsymbol{Y})\in T$，同样的，如果存在 $\boldsymbol{Y}'\geqslant\boldsymbol{Y}$，那么有 $(\boldsymbol{X},\boldsymbol{Y}')\in T$。

第四个是最小性，取同时符合凸性、锥形和无效性三个性质的生产可能集。生产可能集的具体含义随着现实生产情况的不同而有所差异，因此在选取生产可能集时，要考虑规模收益的异同、实际情况的变化等因素，选取合适的 DEA 模型进行 DEA 相对效率评价。

（4）生产前沿面。生产前沿面指的是生产可能集的边界，几何上表现为投入产出最优的包络线，即最优效率的数据包络线，这也是 DEA 思想的核心概念。边界的具体含义包括固定资源投入下的最大产出和固定产出下的最小投入。生产前沿面的定义[149]为：若 $\omega\geqslant 0,\mu\geqslant 0,L=\{(\boldsymbol{X},\boldsymbol{Y})\mid\omega^T\boldsymbol{X}-\mu^T\boldsymbol{Y}=0\}$ 满足条件 $T\in\{(\boldsymbol{X},\boldsymbol{Y})\mid\omega^T\boldsymbol{X}-\mu^T\boldsymbol{Y}\geqslant 0\}$ 且 $L\cap T\neq\phi$。在 DEA 分析时，通常用决策点是否落在生产前沿面上来评价一个决策单元的生产过程是否有效率。当决策单元的投入产出投影在二维空间中的决策点落在生产前沿面上时，可以评价为该决策单元的生产过程是有效的，若该点落在生产可能集内部或其他非生产前沿面上的区域，则说明该决策单元的生产过程效率很低，判定为无效决策单元。

6.1.1.3 DEA 模型描述

DEA 主要有两种基础模型：第一种是 A.charens 和 W.W.Cooper 于 1978 年提出的 CCR 模型，另一种是 Banker 等学者在 1984 提出的 BCC 模型。前者的假定条件是规模效率不变，从而计算出的效率评价值就是技术效率，其结果可以同时判定是否规模和技术是否都具有有效性，后者可处理规模变化问题，将效率评价分为两部分并且可单纯只对技术进行有效性评价。

（1）CCR 模型。在 CCR 模型中，假设有 n 个待评价对象，即决策单元（DMU），每个决策单元有 m 个种类的资源作为输入，s 个类型的指标作为输出，在实际中表示的意义是每个决策单元在对 m 种资源进行不同程度的消耗后，分别形成了 s 项指标。如图 6-1 所示。

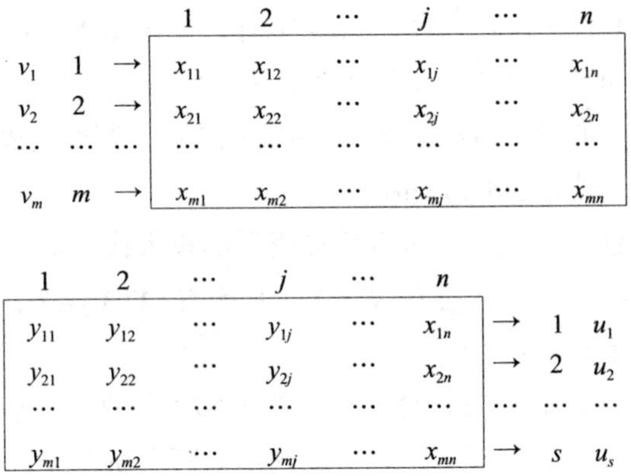

图 6–1　各决策单元的输入输出模型

图 6–1 中，x_{mj} 表示第 j 个决策的第 m 项资源的投入，y_{sj} 表示第 j 个决策单元的第 s 项产出的指标，用向量形式可记作：输入向量 $\boldsymbol{X}=(x_{1j},x_{2j},\cdots,x_{mj})^{\mathrm{T}}$，输出向量 $\boldsymbol{Y}=(y_{1j},y_{2j},\cdots,y_{sj})^{\mathrm{T}}$。另外，设定输入和输出向量的指标权重分别为 $\boldsymbol{V}=(v_1,v_2,\cdots,v_m)^{\mathrm{T}}$ 和 $\boldsymbol{U}=(u_1,u_2,\cdots,u_s)^{\mathrm{T}}$，则对于每一个决策单元 DMU_j，其效率评价指标为 $E_j=\boldsymbol{U}^{\mathrm{T}}\boldsymbol{Y}_j/\boldsymbol{V}^{\mathrm{T}}\boldsymbol{X}_J$，即效率指标 E_j 等于产出加权之和除以投入加权之和，其经济意义为表示第 j 个决策单元 DMU_j 多指标投入和多指标产出所取得的经济效率。恰当地选择权重系数 v_m 和 u_s 之后，可以使得效率评价指标 $E_j\leqslant 1$，$j=1,2,\cdots,n$，则关于第 j 个决策单元 DMU_j 相对有效性评价的 CCR 模型为：

$$\max \boldsymbol{U}^{\mathrm{T}}\boldsymbol{Y}_0/\boldsymbol{V}^{\mathrm{T}}\boldsymbol{X}_0$$

$$\text{s.t.}\begin{cases}\boldsymbol{U}^{\mathrm{T}}\boldsymbol{Y}_j/\boldsymbol{V}^{\mathrm{T}}\boldsymbol{X}_j\leqslant 1\\ \sum\limits_{i=1}^{m}v_i=1,\sum\limits_{i=1}^{s}u_i=1\\ v_i\geqslant 0,u_i\geqslant 0\\ j=1,2,\cdots,n\end{cases}\tag{6–1}$$

依次利用 Charnes–Cooper 变换以及对偶变换，将分式规划问题变为一个等价的线性规划问题，如下：

$$\min\theta$$

$$\text{s.t.}\begin{cases}\sum_{j=1}^{n}\boldsymbol{X}_j\lambda_j+s^-=\theta\boldsymbol{X}_0, j=1,2,\cdots,n\\ \sum_{j=1}^{n}\boldsymbol{Y}_j\lambda_j-s^+=\boldsymbol{Y}_0,\lambda_j\geqslant 0\\ \lambda_j\geqslant 0, j=1,2,\cdots,n\\ s^-\geqslant 0,s^+\geqslant 0\end{cases}\tag{6-2}$$

原问题变为求解 λ_j 和 θ 的问题，决策单元的相对效率指标值为 θ。当 $\theta=1$ 时，可以判定决策单元 DMU_{j0} 是相对有效率的，现实意义即为该决策单元具有最优的投入产出比，在固定的资源投入量下取得了最大化的产出；若 $\theta<1$，则决策单元 DMU_{j0} 相对无效率，通过对该决策单元的生产过程进行改进可以获得更优的投入产出比。

（2）BCC 模型。CCR 模型在使用中受限的主要原因之一是其规模收益不变的假设。因为在实际的生产经营活动中，规模收益不总是一成不变的，还会有规模收益增加和减少的情况存在，所以在进行决策单元的相对效率评价时，只考虑投入和产出会存在有效性和无效性误判的情形。因此，Banker 提出 BCC 模型来解决上述问题，将规模效率和技术效率分别进行计算，可以得到不受规模效益影响的技术相对效率。其提出的 BCC 模型如下：

$$\min\theta=\boldsymbol{V}_{\mathrm{d}}$$

$$\text{s.t.}\begin{cases}\sum_{j=1}^{n}\boldsymbol{X}_j\lambda_j+s^-=\theta\boldsymbol{X}_{j_0}, j=1,2,\cdots,n\\ \sum_{j=1}^{n}\boldsymbol{Y}_j\lambda_j-s^+=\boldsymbol{Y}_{j_0}\\ \sum_{j=1}^{n}\lambda_j=1\\ \lambda_j\geqslant 0, j=1,2,\cdots,n\\ s^-\geqslant 0,s^+\geqslant 0\end{cases}\tag{6-3}$$

与 CCR 模型不同的是，此时的 θ 为纯技术相对效率评价指标。θ 值大小在现实意义上的评判与 CCR 模型一致。当 $\theta=1$ 时，可以判定决策单元 DMU_{j0} 在技术上是相对有效率的，现实意义即为该决策单元具有最优的投入产出比，在固定的资源投入量下取得了最大化的产出；若 $\theta<1$，则决策单元 DMU_{j0} 的技术相对无效率，通过对该决策单元的生产过程进行改进可以获得更优的投入产出比。

6.1.2 链式网络 DEA 模型

6.1.2.1 网络 DEA 模型描述

DEA 模型在以往的研究中存在需要扩展的形式，其中最为常见的便是网络 DEA。网络 DEA 是用于测度多投入与多产出的相对效率模型，主要应用于决策单元间为网络结构的情况。采用这一模型可以解决两大问题：首先是解决传统 DEA 模型“黑箱”的情况，在对决策单元总体效率进行评定时，通过了解其内在运算步骤，对内部的效率进行合理评定，从而解决“黑箱”问题；其次，通过网络 DEA 模型进行计算取得的预测值远低于经典的数据包络模型，因此，使得所有的决策单元都获得数据包络有效值将变得不太可能，这便解决了原有模型中结果的不可分割性。上述两个问题解决之后，数据包络技术进入了快速发展阶段。

网络 DEA 模型有许多种，具体模型的选择主要考虑各个子系统的对外交互结构。大部分情况下，网络 DEA 模型的对外结构主要有链式结构和并行结构。在链式结构中，各个部分通过链状进行资源输入和输出的传递。银行的资金运行便是一个链式网络 DEA 模型的例子，在该网络的第一个阶段，银行吸收客户的存款，并利用自身已有的资金以及其他渠道的资金进行放贷，在下一个阶段将上述资金作为该阶段的输入，再次放贷给客户并取得收益。因此，也可以说链式网络 DEA 模型通过类似于串联的方式将各个决策单元进行连接，但在并行网络 DEA 模型中，各个部分则是通过并联的方式进行交互。生态系统便是并行网络结构的典型实例，一般可将其划分为人工生态系统和自然生态系统两类，细分的话，前者又包括农田生态系统和城市生态系统等，后者又包括原始森林、海洋等。结合本书研究的产学研协同创新发展和演绎进程来看，显而易见，产学研协同创新各个部分之间明显有串联的结构存在，即产学研协同创新在结构上应属于链式结构，因此，采用链式网络 DEA 模型对其进行相对效率评价最为恰当。

网络 DEA 模型依据不同标准还可做其他类别的划分，除外在连接方式外，还可通过内在连接方式的差异来将网络 DEA 模型划分为独立网络 DEA 模型和关联网络 DEA 模型。基于产学研协同创新投入产出要素的特征，本研究选择关联网络 DEA 模型。

6.1.2.2 链式网络 DEA 模型描述

当决策单元之间的连接关系为链式结构，即上一决策单元的产出作为下一决策单元的输入时，链式网络结构可用图 6-2 表示。

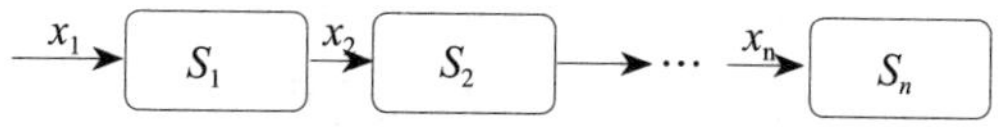

图 6-2 链式网络结构图

在决策单元 S_1 中，资源的投入量为 x_1 ，$x_1 \in I$ ，$x_1 > 0$ ，且该决策单元的产出量为 x_2 ， $x_2 \in I$ ，$x_2 > 0$ ，将生产进行在决策单元 S_1 阶段的生产函数表示为 $f_1(x_1)$ 。当生产进行到决策单元 S_2 时，此时的投入量的来源便是上一决策单元 S_1 的产出量，资源的投入量记作 x_2 ，$x_2 \in I$ ，$x_2 > 0$ ，资源产出量表示为 x_3 ，$x_3 \in I$ ，$x_3 > 0$ ，并用 $f_2(x_2)$ 表示生产进行到决策单元 S_2 阶段的生产函数。生产持续进行到决策单元 S_n ，它的前一个决策单元为生产的第 $n-1$ 个阶段，产出量表示为 x_n ，生产的第 n 阶段即决策单元 S_n 产出量是 x_{n+1} 。各阶段生产函数 $f_i(x_i)$ 是一元齐次函数，并满足条件 $\forall n \geqslant 0$ ，则 $f_i(nx_i) = nf_i(x_i)$， $i = 1,2,\cdots,n$ 。假设在各个决策单元内可能的生产集合满足锥形定理约束，那么在决策单元 S_1 内进行生产的集合为 $T_1 = \{(x_1,x_2) \mid f_1(x_1) > x_2\}$ ，同理，在决策单元 S_2 进行生产的集合表示为 $T_2 = \{(x_2,x_3) \mid f_2(x_2) > x_3\}$ ，以此类推，可用 $T_n = \{(x_n,x_{n+1}) \mid f_n(x_n) > x_{n+1}\}$ 来表示生产过程的各个阶段的产出集合。由此，生产进行到决策单元 S_n 阶段的产出集合又可记作 $T_n = \{(x_1,x_2,\cdots,x_n) \mid (x_1,x_2) \in T_1,(x_2,x_3) \in T_2,\cdots,(x_n,x_{n+1}) \in T_n\}$ 。

当评价的决策单元 DMU - $(\hat{x}_1,\hat{x}_2,\cdots,\hat{x}_n)$ ，且 $(\hat{x}_1,\hat{x}_2,\cdots,\hat{x}_n) \in T$。当来自前一个决策单元的产出全部用来作为下一个决策单元的输入，同时后一个决策单元的输入全部来自前一个决策单元的产出时，即前一个决策单元的产出没有其他流向且后一个决策单元输入仅有前一项的来源时，记作 $\hat{x}_2 = f_1(\hat{x}_1)$， $\hat{x}_3 = f_2(\hat{x}_2)$,⋯, $\hat{x}_n = f_{n-1}(\hat{x}_{n-1})$ ，经过迭代，可将函数表达式简化为 $\hat{x}_n = f_{n-1}\left(f_{n-2}(f \cdots \left(f_2\left(f_1(\hat{x}_1)\right)\right)\cdots)\right)$ ，若只考虑两个决策单元的相对效率评价，可用以下简单的链式网络 DEA 表示：

$$\max\left(\theta_1 + \theta_2\right) = \theta_1^* + \theta_2^*$$

$$
\left(p^2\right)\begin{cases}\sum_{i=1}^{n}x_{i1}\lambda_{i1}\leqslant\hat{x}_1;\sum_{i=1}^{n}x_{i2}\lambda_{i2}>\theta_1\hat{x}_2\\ \sum_{i=1}^{n}x_{i2}\lambda_{i2}\leqslant\theta_1\hat{x}_2;\sum_{i=1}^{n}x_{i3}\lambda_{i3}\leqslant\theta_2\hat{x}_3\\ i=1,2,\cdots,n\\ \lambda_{i1}\geqslant 0,\lambda_{i2}\geqslant 0\end{cases} \tag{6-4}
$$

在上式中，若 $\theta_1^*+\theta_2^*=2$，则可认为只对两个决策单元进行的相对效率评价具有弱有效性。由此，可进一步推出，当评价的决策单元为 n 个时，具有有效性的链式网络 DEA 模型可扩展为：

$$
\max\theta_k=\theta_k^*
$$

$$
\left(p^k\right)\begin{cases}\sum_{i=1}^{n}x_{ik}\lambda_{ik}\leqslant\hat{x}_k\\ \sum_{i=1}^{n}x_{i(k+!)}\lambda_{ik}\leqslant\theta_1\hat{x}_k\\ \lambda_i\geqslant 0\\ i=1,2,\cdots,n;k=1,2,\cdots,n\end{cases} \tag{6-5}
$$

如果对 n 个决策单元进行相对效率评价，当 $DMU\text{-}(\hat{x}_1,\hat{x}_2,\cdots,\hat{x}_n)$ 表现出弱有效性，则其包含的每个生产阶段的决策单元都有效，因此，该模型的另一个优点便是当某个阶段的决策单元失效时，可沿着链式结构对该无效决策单元进行查找和改进，这种操作在现实的生产活动中会使问题的发现和解决变得高效。

6.1.3 产学研协同创新效率的链式网络 DEA 评价模型构建

在假定规模效益可变的前提下，本书建立以下链式网络 DEA 模型，包括两个决策单元，即只考虑两个阶段的生产投入产出的转化，两个决策单元分别是知识协同开发与知识成果转化。在第一个决策单元 DMU_1 中，资源投入和产出分别表示为 $\boldsymbol{X}_i=(x_{i1},x_{i2},\cdots,x_{im})^{\mathrm{T}}$ 和 $\boldsymbol{Z}_i=(x_{i1},x_{i2},\cdots,x_{ik})^{\mathrm{T}}$，且 $\boldsymbol{Z}_i=(z_{i1},z_{i2},\cdots,z_{ik})^{\mathrm{T}}$ 同时作为在第二个决策单元 DMU_2 的资源投入量，$\boldsymbol{Y}_i=(y_{i1},y_{i2},\cdots,y_{ik})^{\mathrm{T}}$ 为 DMU_2 的产出，整个过程中资源的投入产出链式过程如图 6-3 所示。

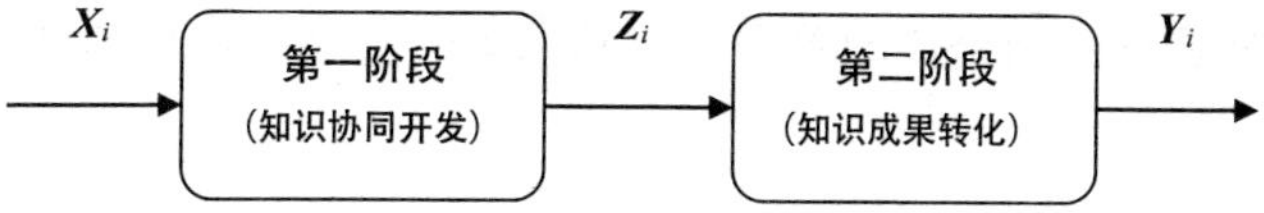

图 6-3　产学研链式模型

模型包括两个重要的约束条件，一个条件是由于各个决策单元之间彼此联系紧密，投入产出相互转化，因此要满足所有的产出量和要小于总的资源投入量；另一个条件是中间产出 $\boldsymbol{Z}_i$ 在决策单元 DMU_1 和决策单元 DMU_2 中的权重应保持一致。在满足上述两个条件的前提下，本书构建了下面的模型，该模型主要用来衡量决策单元的技术转化率。

$$E=\max\left(u^T\boldsymbol{Y}_i+\sum_{\mathrm{d}=1}^{2}u_i^{(\mathrm{d})}\right)/v^T\boldsymbol{X}_i$$

$$\text{s.t.}\begin{cases}u^{\mathrm{T}}\boldsymbol{Y}_j+\sum\limits_{\mathrm{d}=1}^{2}u_i^{(d)}-v^{\mathrm{T}}\boldsymbol{X}_j\leqslant 0,j=1,2,\cdots,n\\ \delta^{\mathrm{T}}\boldsymbol{Z}_j+u_i^{(1)}-v^{\mathrm{T}}\boldsymbol{X}_j\leqslant 0,j=1,2,\cdots,n\\ u^{\mathrm{T}}\boldsymbol{Y}_j+u_i^{(2)}-\delta^{\mathrm{T}}\boldsymbol{Z}_j\leqslant 0,j=1,2,\cdots,n\\ u\geqslant\varepsilon e_\delta,v\geqslant\varepsilon e_m,\delta\geqslant\varepsilon e_k,u_i^{(1)},u_i^{(2)}\in R^1\end{cases}\tag{6-6}$$

在上式中，v^{T}，u^{T} 分别表示在决策单元 DMU_1 和决策单元 DMU_2 中的投入量的权重，δ^{T} 则代表中间阶段产出的权重，另外 ε 是阿基米德无穷小，$u_i^{(d)}$（$d=1,2$）表示规模收益，$e_\delta^{\mathrm{T}}=(1,1,\cdots,1)\in\mathbf{R}^\delta$，$e_m^{\mathrm{T}}=(1,1,\cdots,1)\in\mathbf{R}^m$，$e_k^{\mathrm{T}}=(1,1,\cdots,1)\in\mathbf{R}^k$。

利用 Charnes 和 Cooper 提出的方法进行线性转化，令 $t=1/v^{\mathrm{T}}X_i$，$u=tu$，$\varphi=t\delta$，$\eta_i^{(1)}=tu_i^{(1)}$，$\eta_i^{(2)}=tu_i^{(2)}$，$\tilde{\varepsilon}=t\varepsilon$，即原分式规划模型转化为下式：

$$E=\max u^{\mathrm{T}}Y_i+\sum_{\mathrm{d}=1}^{2}\eta_i^{(\mathrm{d})}$$

$$\text{s.t.}\begin{cases}\varphi^{\mathrm{T}}Z_j+\eta_i^{(1)}-w^{\mathrm{T}}X_j\leqslant 0,j=1,2,\cdots,n\\ \mu^{\mathrm{T}}Y_j+\eta_i^{(2)}-\varphi^{\mathrm{T}}Z_j\leqslant 0,j=1,2,\cdots,n\\ w^{\mathrm{T}}X_i=1\\ u\geqslant\tilde{\varepsilon}e_\delta,v\geqslant\tilde{\varepsilon}e_m,\delta\geqslant\tilde{\varepsilon}e_k,\eta_i^{(1)},\eta_i^{(2)}\in\mathbf{R}^1\end{cases}\tag{6-7}$$

假设式（6–4）的最优解分别是为 $\mu*$ ，$w*$ ，$\varphi*$ ，$\eta_i^{(1)}$ ，$\eta_i^{(2)}$ ，则可以通过下式计算出产学研协同创新整体的效率 E 以及在每一个决策单元中的效率，分别表示为 $E^{(1)}$ ，$E^{(2)}$ 。

$$E = \max u^{*\mathrm{T}} Y_i + \sum_{d=1}^{2} \eta_i^{(d)*} \tag{6–8}$$

$$E^{(1)} = \left(\varphi^{*\mathrm{T}} Z_i + \eta_i^{(1)*}\right) / w^{*\mathrm{T}} X_i \tag{6–9}$$

$$E^{(2)} = \left(\mu^{*\mathrm{T}} Y_i + \eta_i^{(2)*}\right) / \varphi^{*\mathrm{T}} Z_i \tag{6–10}$$

在计算出产学研协同创新整体效率以及决策单元 $\mathrm{DMU_1}$ 和 $\mathrm{DMU_2}$ 中的效率后，引入关联指数 CI 来体现不同决策单元间的联系以及结构上的相互作用。

$$\mathrm{CI} = E / E^{(1)} \cdot E^{(2)} \tag{6–11}$$

若 $\mathrm{CI} > 1$ ，则表明决策单元 $\mathrm{DMU_1}$ 和决策单元 $\mathrm{DMU_2}$ 之间的联系紧密，产出和投入相互贯通，判断为有效关联关系；若 $\mathrm{CI} = 1$ ，则表明决策单元 $\mathrm{DMU_1}$ 和决策单元 $\mathrm{DMU_2}$ 之间存在一定程度的联系，但相关关系为弱相关，契合程度较低，此时需要对产学研协同创新过程进行一定思考的与调整；若 $\mathrm{CI} < 1$ ，则表明决策单元 $\mathrm{DMU_1}$ 和决策单元 $\mathrm{DMU_2}$ 之间几乎没有联系，前一阶段的产出和后一阶段的投入之间也无相关关系，产学研协同创新过程效率极低。

6.2 协同效率评价指标体系构建

6.2.1 协同效率评价指标体系构建的原则

6.2.1.1 系统性原则

本书从效率的视角下研究产学研主体间的协同创新效率，因为产学研协同创新能力是一个系统且综合性极强的概念，所以在产学研协同创新效率的测度过程中会牵扯到较多的影响因素。为了使最终的评价结果能直观体现产学研主体在协同创新过程中的投入和产出，所以在指标的构建过程中本书需立足整个产学研协同创新系统，选取信度和效度高的指标。产学研协同创新系统作为一个有机的整体，由政府、企业、高校和科研机构及中介机构这几个主体组成，各子系统之间不可分离。由于系统的全面性和系统性，在分析产学研主体间的投入如人力、物力和财力等的投入时，需考虑主体间各自的产出情况以及知识转化阶段的成果数量和质量等，尽可能客观、科学、整体并全面地对其进行评估。

6.2.1.2 科学性原则

评价指标体系需客观全面地反映产学研协作创新的过程及政、企、学、研、中介协作创新的规律，揭示其本质特征。评价指标体系的构建必须全面考虑这个系统应该包含的所有的构成要素，并严格制定活动开展的流程，以保证评价系统的公正有效且科学合理。同时，评价系统最终所得结果必须要具有客观性，即契合产学研协同创新活动的实际情形，客观反映系统内各个要素之间的关系和各个要素的作用。

6.2.1.3 可比性原则

评价指标体系需要满足可比性的原则，各个评价指标的定义必须清晰明确，涵盖的要素和维度必须符合规范，而且同一阶段的统计范围和统计口径必须一致。通过本评价指标体系得出的结论与其他研究方法得出的结论相比较，本评价指标体系应具有更多优势和长处，结果和数据应该能够更科学而有效地反映研究目的。

6.2.1.4 有效性原则

评价指标要与研究区域的客观实际情况相契合，客观反映所研究区域的产学研协同创新水平。评价指标要求不仅能够反映各自参与主体不同的利益诉求，即不能只通过系统的整体产出能力来判别各个主体参与协同创新开发的效率，还要求每一个利益主体参与创新开发的效率都能被体现，即要求评价系统能够反映个体投入与整体产出之间的关系。

6.2.1.5 可行性原则

评价指标的数据来源必须是可以获得并且可靠的，即数据采集易获易得，同时强调数据建模方式、效率评价和结果分析的可操作性。只有这样，评价指标才具有可行性。评价指标的系统性和科学性要求在指标选取的时候必须全面地考虑各个子系统及每一个指标的测量范围，减少交叉测度。若要在实际的操作过程中满足以上的要求，无论是数据的选取还是模型的构建抑或后期数据的收集分析都会存在一定的难度。一般而言，指标的科学性与可行性是负相关的。因此，在评价指标的筛选过程前应将指标的科学性进行量化，确定在一定的取值范围内，在满足这个范围的前提下，尽可能选取最有代表性的指标，同时兼顾评价方法的复杂度，使评价体系具有可处理性并且操作简单有效。

6.2.1.6 可读性原则

在建立可行性的评价指标后，还要保证最后的评价结果具有可读性，即要求统计分析后的评价结果直接明了，减少模糊评价和避免深奥的学术结论，最终能够为企业、高校和科研机构及政府等各方所共同接受。已经建立的评价指标体系大部分来源于科研机构和高校，而指标构建者的专家和教授们在设计指标体系时也常借鉴以往的一些学术成果，设计过程往往存在过于学术化和强调探索性，结果分析学术痕迹明显的问题。最后的结果对企业方而言晦涩难懂，与期待产生的结果有差距。针对以上不足，本书在评价指标体系的设计中充分考虑上述因素，遵循可操作性、可获得性的原则，兼顾产学研协同创新各个主体，对于评价结果也尽量体现简单易懂的特点。

6.2.2 协同效率评价指标体系的构建

已有文献对协同创新的效率评价进行了研究。徐丰伟、刘军[144]用创新自身因素和创新协同因素两个指标维度来评价产学研协同创新效率。陈光华、王建东、杨国梁[145]采用“DEA–Tobit”两步法对产学研合作创新效率及其影响因素进行了分析。孙善林、彭灿[146]构建了包括“显性绩效”“隐性绩效”和“协同绩效”三个维度对产学研协同创新项目绩效进行评价。肖丁丁、朱桂龙[147]基于系统视角考察了 260 家广东省的合作企业创新效率，探究了影响合作创新效率的关键因素。

产学研创新活动是一个投入与产出的系统，高校与科研机构提出构建理论并进行研究，然后产出研发成果，由企业进行知识学习和资源整合，把研究理论进行成果转化。在成果研发和转化过程中，中介机构的作用是为两者进行关系衔接，政府则进行总体协调，为高校与科研机构、企业以及中介机构提供生存和发展所需的资金支持和政策保障。

综合已有研究，依据产学研协同创新效率评价指标体系的原则，本书采用了“投入—产出”模式建立产学研协同创新效率评价指标体系。

创新生产是由多个连续的相互影响的单阶段顺序连接而成，是一次次创新制造和生产的汇总，创新生产的每一个阶段的投入与产出都对最后的输出至关重要，如果不能对创新的每一个阶段加强管理，最终难以获得成功。产学研协同创新是政府、企业、科研机构（大学）、中介机构四个主要参与者共同在人力、物力和财力等方面进行投入，共同研发、共享成果的一个网络系统，因此在评价整体的创新效率时应充分考虑各系统之间以及各主体之间的实际投入和产出情况。基于上述分析，本书将产学研协同创新采用的“投入 – 产出”模式细分为两个阶段：第一个阶段是知识协同开发阶段，这个阶段主要是投入人力资源，研发人员进行知识学习、交流、共享和资源整合；第二阶段是知识成果转化阶段，这个过程是将第一阶段的知识资料转化成实际的创新成果，如新产品、新技术、新工艺等，进行商业化输出。

企业之间协同创新开发新产品的本质是一个把资源投入通过知识转移和协同创新过程转化为技术创新产出的经济系统，协同创新产出的高低主要体现为主体间的投入产出效率。第一阶段的效率是通过该阶段创新过程中知识成果与实际投入的创新资源之间的比例进行测度的，而创新资源又可以从研发人员与研发费用两个重要维度体现。在前文研究的基础上，本书分别用企业参与产学研协同创新的研发经费内部支出、研发经费的外部支出、参与产学研协同创新的研发人员人数作为知识协同开发阶段的投入指标。

很多学者和专家指出企业和高校申请的专利数量是知识系统创新过程中的产物，专利数据的易获取性质使这一指标被广泛应用于测量。然而，在创新生产的过程中存在另一个问题，即有一些新发明的产品或新的技术并不会通过专利的申请体现，而专利的数量也不能直接、客观地反映创新成果质量，为此纯粹将专利的申请数量看作产出指标进行衡量稍显片面，应将新产品、新技术和新工艺的开发项目数量作为衡量产出成果的另一个评价指标，以弥补单用专利指标造成的缺陷。本评价体系使用产学研协同创新实现的专利申请数、有效发明专利数和完成的新产品、新技术、新工艺的开发数三个指标来衡量知识协同开发阶段或知识成果投入阶段的产出或投入。

第二阶段是知识成果转化经济产出阶段，主要通过前一个阶段知识协同开发投入的资源以及中间阶段的知识成果转化将投入转化为经济产出。经济效益有以下两个组成部分。其一是收益性效益，主要指在产学研协同创新过程中输出的新产品、新技术、新工艺商业化带来的收益，使用新产品产值和产品销售这两个指标来衡量企业参与产学研协同创新获得的收益性效益。Liu 和 Buck（2007）[148] 认为，收益性效益指标在一定程度上能够体现创新成果的商业化水平和对社会的作用，是协同创新效率经济产出维度最优的测度指标。其二是竞争性效益，主要是指通过与系统内各个主体进行产学研合作所实现的经济产出带来的竞争优势。拥有的注册商标数反映一个企业优于其他竞争对手的实力以及对市场的影响力，因此用新注册的商标数作为竞争性收益的衡量指标。

通过以上分析，产学研协同创新效率评价的指标体系具体如表 6-1 所示。

表6-1 投入产出指标

指标类别	变 量	指标
知识协同开发阶段投入	投入变量	项目研究经费内部支出
		项目研究经费外部支出
		项目研发人员投入的人数
知识协同开发阶段产出/知识成果转化阶段投入	中间产出	项目有效发明专利数
		新产品、新技术、新工艺的开发数
知识成果转化阶段产出	最终产出变量	新注册商标数
		产品销售收入
		新产品、新工艺、新技术产值

现对这些指标进行说明：

6.2.2.1 知识协同开发阶段投入指标

知识协同开发阶段投入指标主要用于描述在产学研协同创新初期投入的人力和经费。经费主要来源于企业自身的投资、政府相关政策的扶持以及合作伙伴的支持等。主要包括如下几个指标。

（1）项目研究经费内部支出，即实际用于本单位内部的该项目的研发支出，包括开展研发活动所需支出的研发人员劳务费、引进国内的技术经费支出、固定资产折旧费用与长期费用摊销等。

（2）项目研究经费外部支出指委托外单位进行该项目研发活动所实际支出的费用，包括对向境外研究机构和高等院校学习、交流、咨询所产生的研发支出，引进技术的消化吸收经费支出和购买国内技术经费支出等。

（3）项目研发人员投入的人数指该产学研协同创新项目的过程中投入的人力资源，包括参与这个过程的企业内部的研发人员，高校的教师、科研机构的专家和其他技术人员，等等。

6.2.2.2 知识协同开发的产出指标

知识协同开发的产品指标又称知识成果转化的投入指标，主要用于描述在初期投入经费后，中间阶段产出的效用。主要包括如下几个指标。

（1）项目专利申请数指样本企业通过该项目获得的国内外知识产权行政部门成功受理的专利发明件数。

（2）项目完成的新技术、新工艺或新产品的数量，一般可通过参与主体在此过程中所申请的新技术、发明的新产品、研发的新工艺等数量和质量进行直观体现。

知识成果转化阶段产出指标指通过前面各阶段产学研协同创新的投入产出的经济效益指标，主要包括如下几个指标。

（1）注册的商标数指通过样本项目所实现的新的注册商标数，通过建立新的品牌巩固了企业的市场地位，提高了竞争优势。

（2）新产品、新技术、新工艺产值指通过样本项目所发明的新技术和新工艺创造新产品，对新产品的产值进行评估。新产品是指采用新的技术原理、新的设计理念创造了新的功能的完全新产品或对原来的产品进行更新换代，改进原有功能的新产品。新技术是指在通过共享知识和资源对原有技术改进，或解决了原有的技术难题。新工艺是指创造出比原来更优的新的工艺流程，提高产出效率。

（3）新产品销售收入指样本项目所实现销售产品的销售收入。

6.2.3　数据来源及处理

6.2.3.1 数据来源

本书利用开发针对技术驱动和市场驱动的产学研协同创新测量量表，对 C 城市群三个主要城市的企业进行了问卷调查。本书采取企业进行实地调研、面对面访谈、回答问卷内容和网上问卷发放方式。

在实地调研过程中，问卷发放的对象是过去或当前参与过协同创新的新兴技术企业，数据的收集以项目为单位。对于具体问卷回答者的人员选取，主要是以对协同情况比较熟悉的企业各类管理和技术人员，包括中高层管理和技术人员、协同研发参与人员等。从问卷发放到数据统计完成，共经过了一年半的时间。

实证研究的调查对象是 C 城市群地区的创新型新兴企业。数据收集的指标主要包括企业参与产学研协同开发实现的新产品的销售收入、产学研协同开发实现的新产品的销售利税总额；产学研协同研发新产品的研究经费投入情况，经费来源主要包括政府资金投入额、企业自有资金投入额、合作伙伴的社会资本投入额；企业参与产学研协同创新项目的研发人员数目；研究阶段被受理的专利申请数，包括通过产学研协同创新已通过受理的发明专利申请数、通过产学研协同创新实现的发明专利数和软件版权数等。统计过程中，删除缺失了关键数据项的样本，最终确定有效的样本量数为 127 份。

6.2.3.2 样本的统计描述

本书研究样本的数据来源于 C 城市群。企业调查对象从 2016 年以前获得省战略性新兴产业科技攻关、新兴科学技术重大专项和重大科技成果转化项目、省产学研专项和中小企业创新基金资助的企业，以及被国家鉴定为省级创新型企业的900家中筛选。涉及行业包括制造业、物流运输业、电商、金融业、房地产、电子信息设备、冶金、新材料、轨道交通设备、化工、生物与新医药技术等。经过综合评价，共筛选出121家企业作为调研对象，问卷具体的方法回收情况如下：一共发放问卷300份，回收170份，回收占比56.7%，剔除无效问卷43份，有效问卷共127份，有效回收率为42.3%。实证研究的样本中技术驱动型项目和市场驱动型项目的地区分布和行业分布情况如表6–2、表6–3、表6–4所示。

这些产学研协同创新项目根据问卷统计被分成两类进行：受技术驱动进行创新的和受市场驱动进行创新的。技术驱动总得分大于市场驱动总得分的归类为技术驱动型协同项目，反之则为市场驱动型协同项目。经统计，技术驱动总得分大于市场驱动总得分的项目数量为59个，市场驱动总得分大于技术驱动总得分的协同项目为68个，分别占46.4%和53.6%。

表6–2 实证研究样本的地区分布

地　区	技术驱动型样本数量（个）	占比（%）	市场驱动型样本数量（个）	占比（%）
C市	23	18.2	27	20.6
Z市	19	15.3	22	17.6
X市	17	13.2	19	15.1
综合	59	46.4	68	53.6

表6–3 实证研究样本的技术驱动型行业分布

行　业	技术驱动样本数量（个）	占比（%）	行　业	技术驱动样本数量（个）	占比（%）
制造业	12	9.4	电子信息设备	4	3.1
物流运输业	3	2.3	冶金	4	3.1
电商	9	7.1	轨道交通设备	3	2.3
金融业	5	3.9	化工	4	3.1
房地产	6	3.9	新材料	6	4.7

续　表

行　业	技术驱动样本数量（个）	占比（%）	行　业	技术驱动样本数量（个）	占比（%）
生物与新医药技术	2	1.5	其他	2	1.5

表 6-4　实证研究样本的市场驱动型行业分布

行　业	市场驱动型样本数量（个）	占比（%）	行　业	市场驱动型样本数量（个）	占比（%）
制造业	14	11.0	电子信息设备	5	3.9
物流运输业	5	3.9	冶金	5	3.9
电商	11	8.7	轨道交通设备	3	2.4
金融业	6	4.7	化工	4	3.1
房地产	7	5.5	新材料	3	2.4
生物与新医药技术	3	2.4	其他	2	1.6

6.3　评价与结果分析

6.3.1　产学研协同创新整体效率评价

本节将收集到的 127 份有效问卷数据导入到 Maxdea6.1 软件中，假设规模报酬是变化的，基于假设选择两阶段链式网络 DEA 模型，计算得出了技术驱动和市场驱动型项目的产学研协同创新的整体效率、知识协同开发效率和知识成果转化效率。基于不同地区、行业分类整理，计算得出的技术驱动型和市场驱动型的产学研协同创新项目整体效率如表 6-5 所示。

从表 6-5 中的数据可以看出，抽样的 59 个技术驱动型产学研协同创新项目的整体效率平均值为 0.457，68 个市场驱动型产学研协同创新项目的整体效率平均值为 0.340，技术驱动型产学研协同创新项目整体效率明显高于市场驱动型产学研协同创新项目整体效率，而且样本之间的差异很大，发展很不平衡。

表 6-5 技术驱动型和市场驱动型项目的产学研协同创新整体效率

驱动力	技术驱动型项目				市场驱动型项目			
地区及行业类别	类别	整体效率	类别	整体效率	类别	整体效率	类别	整体效率
地区	C 市	0.536	Z 市	0.441	Z 市	0.424	Z 市	0.402
	X 市	0.439	—	—	X 市	0.311	—	—
行业	制造业	0.272	电子信息设备	0.208	制造业	0.335	电子信息设备	0.115
	物流运输业	0.218	冶金	0.389	物流运输业	0.435	冶金	0.103
	电商	0.663	轨道交通设备	0.478	电商	0.463	轨道交通设备	0.345
	金融业	0.481	化工	0.419	金融业	0.681	化工	0.276
	房地产	0.401	新材料	0.105	房地产	0.524	新材料	0.044
	生物与新医药技术	0.325	其他	0.200	生物与新医药技术	0.112	其他	0.172
行业	物流运输业	0.218	冶金	0.389	物流运输业	0.435	冶金	0.103
	电商	0.663	轨道交通设备	0.478	电商	0.463	轨道交通设备	0.345
	金融业	0.481	化工	0.419	金融业	0.681	化工	0.276
	房地产	0.401	新材料	0.105	房地产	0.524	新材料	0.044
	生物与新医药技术	0.325	其他	0.200	生物与新医药技术	0.112	其他	0.172

更进一步地分析，从城市区域来看，C 市无论是技术驱动型还是市场驱动型，产学研协同创新项目的整体效率在三个城市中都是最高的，分别达到了 0.536 和 0.424，而且表 6-5 中数据可以体现出，这三个城市的产学研协同创新项目效率水平相对于发达国家水平来说仍然较低。在这三个城市中，X 市市场驱动型项目的整体效率最低，只有 0.311，这说明 X 市市场驱动型的产学研协同创新项目效率不高，但是仅从整体效率这一指标来看还不能得出 X 市市场驱动型项目效率低的原因，还需要对产学研协同创新的分阶段效率进行进一步分析。

从行业来看，技术驱动型的产学研协同创新项目整体效率较高的产业分别为电商、金融业和轨道交通设备，分别达到了 0.663、0.481 和 0.478，较其他整体效率不足 0.400 的优势明显，但是仍然具有广阔的上升前景与很大的提升空间。在技术驱动型项目之中，产学研协同创新整体效率在 0.200 的行业还有新材料，这说明在这些行业里产学研协同创新的整体效率是十分低下的，迫切需要提高和改善，一旦这些企业的效率提升上去，对经济效益的提升也会具有正向作用。而在市场驱动型企业方面，金融业、房地产、电商是整体效率最高的三个行业，分别达到了 0.681、0.524、0.463，新材料行业仍然是整体效率最低的行业。

图 6-4、图 6-5 以图表的形式更直观地体现了不同地区、不同行业在技术驱动和市场驱动项目上协同创新效率的区别。

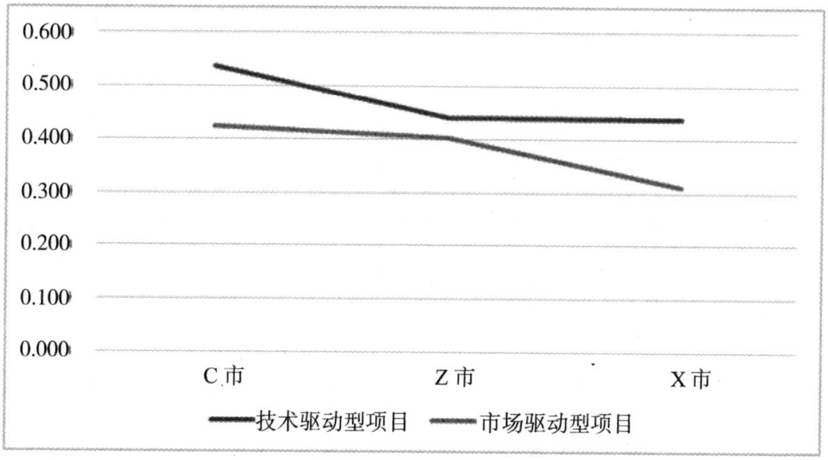

图 6-4　分地区的技术驱动型和市场驱动型项目的产学研协同创新的整体效率

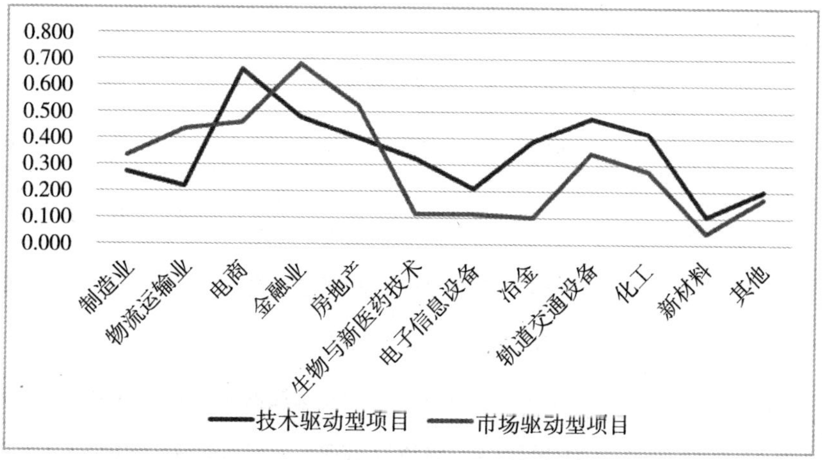

图 6-5　分行业的技术驱动型和市场驱动型项目的产学研协同创新的整体效率

6.3.2 产学研协同创新分阶段效率评价

整体效率是评估产学研协同创新效率的一个重要指标。想要进一步探究产学研协同，从中发现问题所在并提高改善，需要进一步对产学研协同创新分阶段效率分析。两阶段链式网络 DEA 模型是在规模报酬可变的假设下进行的，在对产学研协同创新的整体效率进行测评的同时，能对产学研协同创新的分阶段效率进行测评。技术驱动型和市场驱动型企业产学研协同创新效率的知识协同开发和知识成果转化阶段的数值如表 6–6 所示。

表 6–6 技术驱动型和市场驱动型企业的产学研协同创新分阶段效率

驱动项目及分类	技术驱动型项目				市场驱动型项目			
	类别	项目数量	知识协同开发阶段	知识成果转化阶段	类别	项目数量	知识协同开发阶段	知识成果转化阶段
地区	C 市	23	0.934	0.574	C 市	27	0.892	0.475
	Z 市	19	0.887	0.486	Z 市	22	0.901	0.446
	X 市	17	0.903	0.497	X 市	19	0.871	0.357
行业	制造业	12	0.842	0.323	制造业	14	0.710	0.472
	物流运输业	3	0.805	0.271	物流运输业	5	0.891	0.488
	电商	9	0.894	0.742	电商	11	0.910	0.509
	金融业	5	0.910	0.529	金融业	6	0.930	0.732
	房地产	6	0.836	0.480	房地产	7	0.897	0.584
	生物与新医药技术	2	0.934	0.348	生物与新医药技术	3	0.710	0.158
	电子信息设备	4	0.845	0.247	电子信息设备	5	0.763	0.151
	冶金	4	0.768	0.507	冶金	5	0.703	0.147
	轨道交通设备	3	0.766	0.624	轨道交通设备	3	0.810	0.426
	化工	4	0.882	0.475	化工	4	0.793	0.348

续 表

驱动项目及分类	技术驱动型项目				市场驱动型项目			
	类别	项目数量	知识协同开发阶段	知识成果转化阶段	类别	项目数量	知识协同开发阶段	知识成果转化阶段
行业	新材料	6	0.856	0.123	新材料	3	0.771	0.057
	其他	2	0.796	0.251	其他	2	0.810	0.212
	全部样本	59	0.827	0.553	全部样本	68	0.827	0.411

从表 6–6 中的数据可以看出，在知识协同开发阶段，无论是技术驱动型项目还是市场驱动型项目，三个城市的效率都很高，都在 0.850 以上。这表明三个城市在产学研协同创新方面做得比较完善，产学研主体间不断地相互学习和交流，对获取的新知识不断进行吸收和利用，并对其进行商业转化，形成了新的产品或技术。在知识成果转化阶段，对于技术驱动型项目，效率最高的是 C 市，达到了 0.574，但是已经明显低于知识协同开发阶段的效率，只是相较于 Z 市和 X 市依然处于领先水平，说明 C 市在转化知识成果方面比其他两个城市更加有效率。巧合的是，C 市也是三者之中整体的产学研协同创新效率最高的地区，这意味着对产学研协同创新效率具有重要影响作用的是知识成果转化阶段的效率。除此之外，在知识成果转化阶段，C 市的市场驱动型项目效率也是最高的，虽然效率已经略低于技术驱动型项目，而 X 市的市场驱动型项目表现反而不如技术驱动型项目，在三个城市中排到了最后，不及 X 市技术驱动型项目效率在三个城市里面第二的排名。

从行业来看，各个行业之间在知识协同开发阶段和知识成果转化阶段的差异也很大。对于技术驱动型项目，金融业、生物与新医药技术行业在知识协同开发阶段的平均效率都超过了 0.900，说明在产学研协同创新的过程中这些行业在知识、资源的学习和交流上是值得学习的。同时，在知识协同开发阶段，并没有平均效率低于 0.766 的行业，说明各个行业都很重视知识学习和资源交流。在知识成果转化阶段，各行业的效率都比较低下，平均效率的最低值竟然仅为 0.123，说明大多数行业在知识成果商业化方面做得不够好，效率极其低下，由此也造成了整体效率的低下。对于市场驱动型项目，电商、金融业在知识协同开发阶段的平均效率都超过了 0.900，说明属于这些行业的市场驱动型企业更加注重市场的开拓和客户关系的维护。同样，他们在协同创新的第一阶段即知识协同开发阶段的效率是比较高的，但是到了第二阶段，其知识成果转化阶段的效率却有所下降，由此也造成了市场驱动型项目最后的整体效率较发达国家水平来说仍然较低。

从表 6-6 中的数据也可以看出，无论是分地区还是分行业，分技术驱动型项目还是市场驱动型项目，知识协同开发阶段的效率普遍要高于知识成果转化阶段，而后者的低效率又会拉低整体效率的水平。所以，样本中的企业即使在和高校、科研机构、研究所进行知识交流与资源共享方面做得还不错，产学研协同创新的整体效率仍会受知识成果向经济效益转化的低效率拖累。图 6-6、图 6-7 以图表的形式更直观地反映了地区、分行业的技术驱动型项目和市场驱动型项目的产学研协同创新在知识协同开发阶段和知识成果转化阶段的差异。

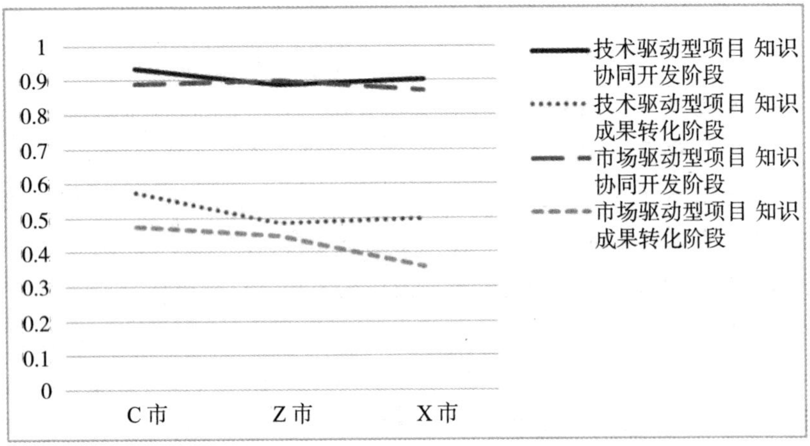

图 6-6 分地区的不同阶段的产学研协同创新效率

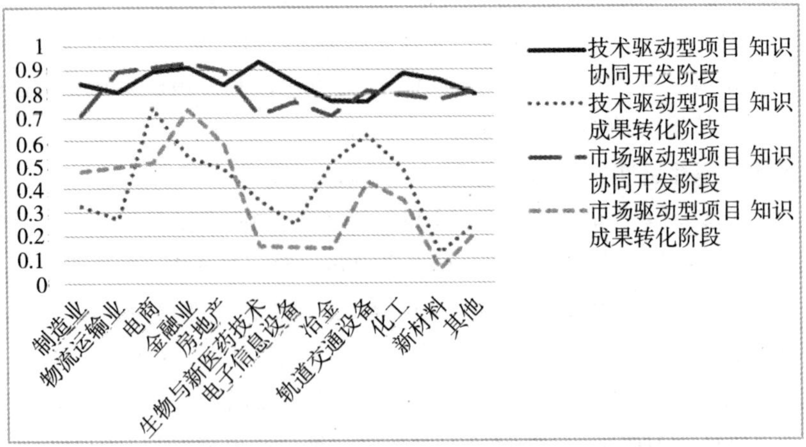

图 6-7 分行业的不同阶段的产学研协同创新效率

6.3.3 两阶段关联指数分析

为了简单明了地了解知识协同开发和知识成果转化两个阶段的组织和结构效应，本书在此基础上进一步根据不同地区、行业等产学研协同创新两个不同阶段的关联指数进行分析，具体的指标数值如表 6-7 和表 6-8 所示。

表 6-7 产学研协同创新不同地区的关联指数

驱动项目及分类	技术驱动型项目				市场驱动型项目			
	类别	关联指数	类别	关联指数	类别	关联指数	类别	关联指数
地区	C 市	1.000014	Z 市	1.000000	C 市	1.000001	Z 市	0.999999
	X 市	1.000000	—	—	X 市	0.999990	—	—

表 6-8 产学研协同创新不同行业的关联指数

驱动项目及分类	技术驱动型项目				市场驱动型项目			
	类别	关联指数	类别	关联指数	类别	关联指数	类别	关联指数
行业	制造业	0.999999	电子信息设备	0.997603	制造业	0.999991	电子信息设备	1.000000
	物流运输业	1.000005	冶金	1.000000	物流运输业	0.999998	冶金	0.999992
	电商	0.999999	轨道交通设备	0.999994	电商	1.000002	轨道交通设备	1.000001
	金融业	1.000000	化工	1.000004	金融业	1.000002	化工	0.999999
	房地产	1.000000	新材料	0.999992	房地产	1.000003	新材料	0.999990
	生物与新医药技术	0.999997	其他	0.999982	生物与新医药技术	0.999990	其他	0.999991

表中数据小于1.000 000表示产学研协同创新的知识协同开发阶段和知识成果转化阶段关联无效，等于1.000 000表示产学研协同创新的知识协同开发阶段和知识成果转化阶段关联弱有效，大于1.000 000则意味着产学研协同创新的知识开发和知识成果转化两阶段是关联且有效的。

基于不同的地区，发现Z市和X市的市场驱动型项目的两阶段关联无效，Z市和X市的技术驱动型项目的两阶段关联弱有效，C市的技术驱动型项目和市场驱动型项目的两阶段关联有效。从不同行业来看，技术驱动型项目的两阶段关联无效的行业有制造业、电商、生物与新医药技术、电子信息设备、轨道交通设备、新材料和其他行业，金融业、房地产和冶金的知识协同开发和知识成果转化两阶段是弱关联有效的，其他行业这两阶段是有效关联的，同时对市场驱动型的项目的两阶段关联无效的行业有制造业、物流运输业、生物与新医药技术、冶金、化工、新材料和其他行业，电子信息设备的知识协同开发和知识成果转化两阶段是弱关联且有效，其他行业这两阶段是有效且关联的。

6.4 本章小结

本章主要对DEA模型和链式网络DEA模型进行了概述，并基于链式网络DEA构建了产学研协同创新效率模型。通过问卷调查，收集到了C城市群高新企业与高校和科研机构进行产学研协同创新的数据；依据系统性、科学性、有效性、可行性、可读性的原则选取了10个关于人力、经费以及经济产出的指标，建立了协同创新效率的评价指标；采用“投入－产出”模型，将产学研协同创新划分为知识协同开发和知识成果转化两个阶段，并收集相关数据分别就这两个阶段进行分析，从而对三市的产学研协同创新效率做出了参考性的评估。

7 企业产学研协同创新驱动因素案例分析

根据前文的理论分析、博弈分析、实证分析，本章试图通过选取一家C城市群经济圈有代表性的高新技术企业，对其产学研驱动影响因素进行深度访谈，运用扎根理论对访谈内容进行整理归纳，得出企业进行产学研协同创新的深层次驱动因素。

7.1 案例选取及方法介绍

7.1.1 案例选取及背景

C城市群位于我国湖南省中东部，由C市、Z市、X市三个地级市构成，是中南地区主要城市群之一。三个城市沿湘江呈“品”字形分布，两两距离间隔不足20千米，城市相互溢出效应显著；土地总面积占全省的13.3%，户籍总人口占湖南省总人口的19.6%；2016年地区生产总值13 681.87亿元，对全省经济增长的贡献率达44.4%，拉动全省地区生产总值增长3.5个百分点，其中C市9 323.7亿元、Z市2 512.51亿元、X市1 845.65亿元。

C城市群是全国首个两型社会试验区，也是中部地区城市一体化最早的践行者，《南方周末》称之为“中国第一个自觉进行区域经济一体化实验的案例”。在行政区域划分和经济发展差异大背景下，利用各城市间优势能力协调对接，实现经济一体化发展，C城市群为其他城市群做了榜样。近些年，道路互通、城轨对接、产业转移等措施使C城市群一体化进程不断加快，融城效应和协同效应明显，经济增速、产值总量、生态环境质量都居于省内前列，实现了“1+1+1>3”的效果，成为带动全省经济社会健康发展的“火车头”。C城市群的一体化发展历程对中西部地区形成中的城市群协同发展极具启示和借鉴意义。

本书选取Z市A企业（以下简称A企业）作为案例。A企业是某大型国有控股企业的全资子公司，A 企业地处美丽富饶的湘江之畔，位处 C 城市群核心地带。公司地理位置优越，自然资源富足。黄花机场、武广高铁近在咫尺，京广、浙赣、湘黔铁路干线傍临周边，106、320 国道及京珠、上瑞高速公路环绕市区，四面通衢，八方畅达。A 企业成立于 1961 年，是湖南省第一家在深交所上市的企业之一，也是工业重镇 Z 市的第一家上市企业。经过多年的发展，A 企业坚持创新驱动发展战略，始终坚持技术与市场并重，从成立初始年产 50 万只农机火花塞的小厂，一步步成长为集研发、生产、销售和服务于一体，年产超过 2 亿只各类火花塞的行业龙头。

A 企业 1996 年通过 ISO9002 质量体系认证，是国内火花塞行业第一家通过这一认证体系的企业，随后又通过了 QS-9000、ISO/TS16949、ISO14001 体系认证；A 企业是国内标准委员会火花塞分标会的秘书长单位，组织起草了国内火花塞标准；A 企业设立了国内唯一的火花塞研究所，建设有独立的实验车间；A 企业火花塞的自制率位居全球前列。A 企业的“火炬”牌火花塞曾夺得国家质量银奖，被湖南省确定为省著名商标，在客户中获得了良好口碑，沈阳三菱、富士重工、奇瑞、江淮主机工厂分别给予 A 企业“优秀供应商奖”和“品质贡献奖”，A 企业研发的高压线、点火线圈、火花塞点火模块等产品成为国家 863 计划东风南充天然气发动机的配套零部件……作为国内高新技术代表性企业，A 企业生产的火花塞已经被世界各大整车厂商认可，从一个小工厂成长为全球性火花塞企业。

A 企业注重技术研发和市场变化，不断提升产品质量和客户满意度，在激烈的竞争环境中脱颖而出，成为上海通用、长安福特、东风裕隆、一汽轿车、长安汽车、沈阳三菱、东安三菱、奇瑞汽车、江淮汽车、吉利汽车、绵阳新晨、大长江集团、钱江、雅马哈、百利通、科勒、富士等知名汽车、摩托车及小型汽油机生产厂家的重点配套供应商。其火炬产品已由单一的火花塞拓展到高压线、点火线圈、水封、起动机、发电机、三滤、刹车片、水泵等多类产品，产品领域涉及汽车、摩托车、飞机、船舶等众多领域。

7.1.2 案例方法介绍

扎根理论方法由 Glaser 和 Strauss 提出。扎根理论的一般思路是以呈现的实际情况为出发点，并不提前做出假设，结合实证与符号互动理论，倡导利用实际数据引导出扎根的理论（Glaser and Strauss, 1967）。Strauss（1987）认为扎根理论以事实信息为基础，对实际情况扎根于特定的时空，依赖外部环境和事物内部的变化发展，是一种较科学的定性研究手段。换言之，扎根理论即运用归纳手段对收集的现象进行整理、分析，将原始无序的数据层层抽象概念化，最终建立理论模型。区别于其他研究方法，扎根理论非先理论再验证，是先选定一个待研究的领域，通过研究领域内存在的现象得到理论化的结论。Glaser 和 Strauss（1994）认为扎根理论有机地融合了理论发现与理论验证，两者成为不可分割的两部分。扎根理论基于所搜集的已有数据资料，具体分析过程中会保持数据资料与资料分析间的互动和补充。扎根理论自下而上建立理论，所有分析步骤呈现出一个自然而然的过程。唐啸等（2016）[149]认为扎根理论能够有效避免理论演绎出的理论假设解释力的不足，将收集的定性材料与统计推断充分综合起来，构建出更加贴近现实、更加丰满的理论。

在运用扎根理论的过程中，要求使用者拥有高度的理论素养和敏感度，要有强大的资料线索的搜集和提取能力（陈向明，2016）[150]。扎根理论研究法是一个精细、严谨的动态分析过程，它有严格明确的分析步骤，也需要根据研究对象的变化动态性地调整原研究方案，将无序的线索有序地分配至各个主范畴下。扎根理论的研究流程如图 7-1 所示。

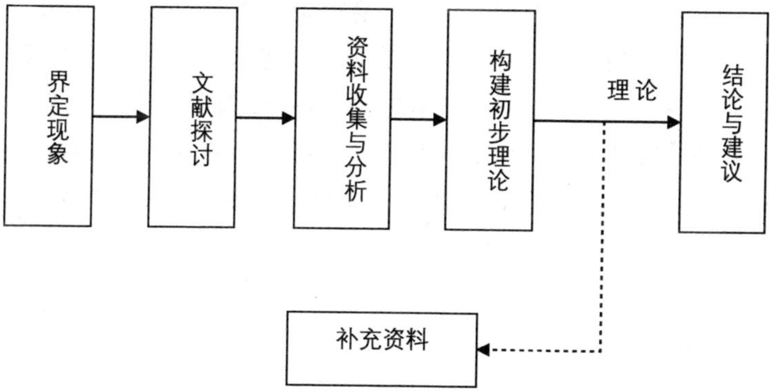

图 7-1 扎根理论的一般流程

扎根理论研究方法具有根植于资料发展理论、重视变迁与过程的特性。Glaser 和 Strauss（1994）指出，扎根理论强调理论的发展，而且该理论根植于所搜集的现实资料以及资料与分析的持续互动，这种重视资料、重视互动的特点使研究者可以借助和事件当事人的连续、亲密互动以及现场观察收集一手资料，并在与事件、现象的互动中，逐步提高自身提炼新结论的理论触觉，并最终使提炼的研究结论坚实可信。扎根理论对现象发展的过程很重视，强调现象的多样性与复杂性。这种过程注重深入分析行动或互动的变化，即并非泛指变迁，也不是粗略分几个阶段进行简单分析。随着时间的推移，这些行动或互动是变动的，是需要针对变化的情境做出相应的反应。当扎根理论应用于含有事件过程的分析时，就会较容易衍生出一个动态的理论。因此，本书通过对精选案例的实地考察与深入访谈资料的分析与挖掘，期望能够在企业技术创新驱动因素研究的方法和理论上有所创新或突破。通过运用扎根理论对企业产学研协同创新驱动因素进行案例论证，可以确保所选取驱动因素的准确与实际可用性，由于扎根理论能够从纷繁复杂的信息中提炼出有用信息并对其概念化，使得到的信息非常全面与扎实，进而可以通过扎根理论案例分析来探讨实证所选择企业产学研协同创新驱动因素的全面性。

7.2 A 企业产学研协同创新驱动因素数据来源与编译

关于 A 企业案例的资料主要来源于对企业的调研访谈，对 A 企业的高管和技术总监进行深度访谈，具体调研分为两次，分别对副总经理和技术总监进行了 2 小时的访谈。访谈时，充分遵循受访者的意愿，取得其同意后，对访谈进行录音。访谈结束后，将录音转录为文字资料。在调研的基础上，结合搜集互联网和数据库中与 A 企业有关的二手资料对调研资料进行补充，确保信息的完整性。

根据扎根理论开放性译码的分析步骤，对搜集和整理出的资料进行分解编号，共分解为 87 个，称之为“标签”，采用“a+ 序号”表示，如表 7–1 所示。

表 7-1 A 企业原始资料贴标签过程

案例资料	贴标签
中国汽车行业慢慢进入饱和，中国私家车保有量将近 2 亿辆，如果按照美国人均汽车拥有量计算，中国还有很大的增长空间。但目前面临的问题——新能源汽车的出现，这种汽车是不用点火系统的，因为我们公司主要做火花塞、点火线圈以及活塞点火系统这一块，这就是一个比较大的挑战（a1）。虽然目前新能源汽车整个产量不到汽车总量的百分之五，但按目前的趋势（国家的政策导向），会不断增大（a2），对传统燃油动力行业肯定有影响。因为目前中国的汽车在汽车整车市场这块是慢慢趋于量的饱和（a3）。还延续过去两位数的增长已经做不到，估计也就是 2~3 个点的增长，甚至有下滑的可能(a4)，尤其像电动汽车这块增长会更加迅速。当然，汽车总量，也就是新能源加传统燃油汽车，每年总量在新车部分会有增长，但增长的比率不会像原来那么大。关于中国汽车保有量，我估计中国汽车保有量会在人均 3~4 人 / 台左右，汽车保有量回到 3 亿辆的样子。 汽车行业目前的发展方向主要有以下几个方面：第一，小型乘用车主要以涡轮增压大功率燃油车和电动小型城市代步车为主（a5），燃油车则以越野车为主，目前市面上可以看到，越野车越来越多，代步车则体现为城市里短距离交通用车，优点是体积小、环保、方便。第二，大型乘用车以公交车为代表，必然全部会是新能源车（a6），要么是液态电池，如氢燃料电池；要么是固态电池。第三，商用车目前主要以汽油车和柴油车为主，柴油车和汽油车会有一定保有量，但慢慢会向氢能源电池车转换（a7），目前日本的氢能源电池已经出来了，并开始进行商用试验。如果中国能够用上氢燃料电池的话，除了环保，还有由于氢气压缩成液态后，同体积电池的续航能力更强的优势。除此之外，如果氢燃料电池可用于家庭发电的话，以后家庭用电可以独立于电网。氢燃料电池技术目前在日本东京大学已经成熟，总公司打算投入 100 亿日元用于氢燃料电池研发（a9）。还有一种技术方向是英国的新技术，目前还停留在实验室，它是一种固态电池研发（a10），基础材料以甲烷和一氧化碳为主，通过电离空气中的氧气，再与甲烷发生反应产生水和二氧化碳，或者与一氧化碳反应生成二氧化碳。固态电池的好处就是更加便捷、安全，因为氢燃料电池压缩氢气，类似于一个炸弹。但目前新能源汽车主流能源还是锂电池，这就存在一个很大的问题——以后的电池回收如何解决。我认为在乘用车市场，英国的固态电池很可能是一个主要发展趋势；在商用车市场，氢燃料电池会成为主要趋势（a11）。	a1 新能源汽车技术发展给公司带来了挑战 a2 新能源汽车体量不断增大 a3 汽车行业逐渐饱和 a4 市场增长缓慢 a5 小型乘用车趋向于涡轮增压大功率燃油车和电动小型城市代步车 a6 大型乘用车必然全部会是新能源 a7 商用车慢慢向氢能源电车转换 a8 日本东京大学开发成熟的氢燃料电池 a9 总公司计划投入 100 亿日元用于氢燃料电池研发 a10 固态电池技术 a11 固态电池和氢能源电池将会是技术主要发展趋势

续 表

案例资料	贴标签
汽车行业发展的总趋势是，有一定燃油车保有量，其他的都是新能源汽车。我们公司的产品是用于燃油车的，包括汽油车和柴油车。目前，汽车行业的新技术，尤其是颠覆性技术的出现对我们影响很大（a12）。这也涉及一个数一数二的问题。俗话说，没有夕阳的行业，只有夕阳的企业，如果在行业做到数一数二，不管怎么变，总会有一定的市场需求，而且燃油发动机带来的乐趣不一样，如很多人喜欢汽车，同时汽油是一个附属产品，石油化工加工过程中必然会有汽油产生。尽管我们公司产品的需求会降低，但只要往高端方向发展，还是会有市场，如实现技术的突破，提高燃油发动机效率。但技术的变化依然给我们带来不小的压力，所以我们现在在相关领域做一些技术上的储备（a13），如在汽车电池产品上开发一些备品备件，与总公司合作，而且氢原料电池需要用到大量陶瓷（a14），凭借公司在陶瓷方面有一定的技术积累（a15），所以技术壁垒相对会小一些。 我们公司目前的技术水平在国内同类型企业中绝对是位于前列（a16）。我们是火花塞点火系统标准委员会的主任单位，火花塞点火系统国标由我们制定（a17），但公司的技术在国际上还是有一定差距的，目前技术最先进的是日本的 NGK（a18）。从技术水平上看，第一名是日本的 NGK，第二名是美国的 CHAMPION，第三名是日本的恩索，第四名是德国博世，博世虽然市场占有率不是很高，但技术能力过硬，第五名就是我们。国内燃油发动机火花塞点火系统均需要采用我们的标准。 一个公司没有技术就是死路一条，我曾经说过一句话：没有管理，这个企业立马死；没有技术，这个企业就没有未来（a19）。每项技术都有生命周期，在到达增长拐点的时候，需要完成技术的转型升级（a20）。所以，公司成立了一个智能智创公司（a21），利用目前公司的平台、资源和已有的技术知识储备（a22），再利用一些大学平台（a23），当然这种非标设备开发的市场容量有限，很多公司属于一次性需求，不像标准产品，可以大规模投入市场并形成平台。通过标准产品的平台，我们可以利用社会上的资源，采用合作模式，将其他业务体量做大，可能我们制做机械部分，可能我们制作电气部分，也有可能我们制做集成部分。智能智创公司的产品跟我们公司目前的产品关联不大，但与公司的技术储备却有很大关系。	a12 汽车行业颠覆性技术的出现对公司影响很大 a13 在汽车电池技术上做一些技术储备 a14 氢原料电池需要用到陶瓷 a15 公司在陶瓷方面有技术积累 a16 技术在国内位于前列 a17 火花塞点火系统标准委员会的主任单位，国标由我们制定 a18 在国际上有差距 a19 没有技术的企业就没有未来 a20 技术增长拐点到来前要完成转型 a21 成立智能智创公司，为将来做好技术储备 a22 利用自身已有技术储备 a23 利用大学平台

续 表

案例资料	贴标签
火花塞的产品附加值很高，整个市场很集中，目前被几个主要的厂商瓜分（a24），有些欧美和日本整车厂商往往会设定技术壁垒（a25），尽管你的产品技术再先进、性能得分再高也没用，他们在新车研发时就不会泄露信息给你，直接将你阻挡在外，因为大部分汽车厂商的设计平台都在国外。 我们公司上市很早，而且利润一直不错，因此资金需求没什么缺口，比较充裕。我从 2009 年就推行精益生产（a26），充分利用厂房面积扩大产能。我们属于高新技术企业，政府给予了税收优惠（a27），对公司的专利技术项目开发给予了很大支持，如我们的高性能陶瓷生产线，政府给予了不少奖励（a28）。 政府主要对公司所在的大行业—汽车做了前景规划（a29）。对太过于细化的行业国家一般不会做出规划，但是这些细化行业都能够从大行业前景中找到本身要发展的方向。 火花塞的技术关键点在于陶瓷（a30），这类材料技术相当难开发，陶瓷既要有强度要求、耐冲击要求，还要有耐电击要求（要求在多少毫米内不能被击穿）。在材料这块，我们跟包括中南大学在内的很多个在材料学上比较先进的高校有合作（a31），还跟美国一所高校的一个博士合作开发新陶瓷材料。发动机技术目前是往体积不断变小方向发展，过去不稳定的三缸发动机现在已经被越来越多的汽车使用，基本上解决了三缸的不均衡振动问题。因此，发动机体积越来越小，而且配备涡轮增压，火花塞的体积也越来越小（a32），同时对陶瓷的硬度和抗压能力的要求也越来越高，如要求陶瓷达到一个毫米耐 25 000 伏的电压（a33），而且陶瓷一旦解决脆性的问题，便可以用于机械切削，还可以用于手机外壳，以避免金属外壳的磁场效应，但要解决陶瓷变形和易碎的问题。 我们在火花塞行业协会起主导作用，而且基本上标准都是由我们推动和制定（a34）。而汽车行业协会我们主要是参与，不起主导作用，且汽车行业各自整车厂都有自己的标准。我们会积极参与整车厂的前期开发（a35）。汽车行业采购是前期打样，做好几百个小时的测试，在极冷和极高温度的地区实验几百个小时，很多新产品都是要 2~3 年才能真正投入使用，如为通用开发的一款火花塞，我们花了三年时间才被认可，直到去年才开始真正使用（a36）。 每年我们都会针对市场上出现的一些新的机型或者材料，更新行业的材料标准和技术标准（a37）。落后的产能我们一般不会投入过多资源，而且会慢慢淘汰，由一些小厂商接手（a38）。	a24 市场垄断 a25 技术壁垒 a26 推行精益生产 a27 税收优惠 a28 政府对专利技术项目给予不少奖励 a29 政府对汽车行业做了规划 a30 火花塞的技术关键点在于陶瓷 a31 与中南大学等在材料学上比较先进的高校有合作 a32 要求火花塞体积越来越小 a33 要求陶瓷的硬度和抗压能力越来越强 a34 火花塞行业协会主导作用，负责制定和推动标准实施 a35 积极参与整车厂前期开发 a36 应用周期长 a37 每年对标准进行更新 a38 逐步淘汰落后技术

续 表

案例资料	贴标签
基于市场需要，我们每年都会进行新产品开发（a39），需求来源于两方面：第一，整车厂商新车要求有对应的新产品；第二，售后市场这块，会开发一些不是用我们产品的车的产品。同时，我们会做一些前沿性或者超前性技术的开发储备（a40），因为整个市场逼迫我们进行这类技术储备（a41），一个新车的上市周期达到三年，不管是材料方面，还是设计方面，我们都要更早做好准备。我们一般会根据国际汽车技术发展的趋势，预判未来可能出现的技术变化，然后针对这种技术变化分析我们需要具备哪些技术。 目前，我们主要与国内的一些“985”大学（a42）合作，还有国外的一些高校，如加拿大的多伦多大学合作。合作的这些高校拥有优秀的相关科研队伍和前沿知识水平（a43）。 公司的高层除了财务总监不是工科背景，其余高管均为技术人员出身（a44）。人才招聘比较倾向于招聘工科类人才，以机械、自动化、电气、材料、化学等工科背景人才为主（a45）。在公司管理团队中，技术出身的人才占比达到 70% 以上，很多分厂厂长都是技术人员出身。我们公司有好多个研发部门（a46），研发这块由公司的总工程师兼副总经理负责，陶瓷研究所负责非金属材料研究，产品研究院负责产品开发研究，技术部负责工艺技术研发，技术部门下辖的技术改造部门，也就是智能智创公司的前身，从事自动化设备研发（a47）。从事研发的工程师数量将近 60 人（a48）。 我们每年投入的研发经费占销售收入的 5~8 个点（a49），公司自己研发的很多设备，国外同类型设备售价要几百万元人民币，而我们投入几十万元就能研发出来，因此研发投入这块有一定相对性，我们公司的研发投入相对估值偏低。我们公司技术工人的平均工资要明显高于后勤管理岗位工人的工资，引进人才时，同一批进来的应届生同档次的学校，工科背景员工的工资要比文科背景员工的工资高 500 元 / 月（a50）。对于技术奖励，我们有对应的项目奖励基金、专利奖励基金，我们还有总经理奖励（a51）。技术员工进来一般是助理工程师，然后慢慢走工程师—高级工程师—主任工程师—专家这一职称路线（a52），如果没有什么特殊技术贡献，一般很难往上走，但如果有特殊技术贡献，晋升的时间将会大大缩短。如果有重大技术突破贡献，可能会跳级晋升，去年就有一位工作才两年的工程师直接晋升为主任工程师（a53）。每年我们会设立很多技术项目，并且会划拨相应的资金给项目团队，项目成功完成会有相应的项目奖励。我们对成立的跨部门项目团队的失败是不追责的，只要不存在故意为之，因为想要创新，必须要有技术试错（a54）。	a39 每年会研发新产品 a40 前沿性或者超前性技术开发储备 a41 市场逼迫 a42“985”大学 a43 拥有前沿知识水平 a44 除财务总监，其余高管都是技术背景 a45 人才招聘以工科为主 a46 公司有专门的研发部门 a47 研发由总工程师兼副总负责 a48 工程师数量近 60 人 a49 研发经费占销售的 50%~80% a50 技术员工平均工资高于其他员工 a51 技术奖励基金 a52 专门的技术人员晋升路线 a53 重大技术突破可跳级晋升 a54 技术开发失败免责

续　表

案例资料	贴标签
我们现在的市场主要有三个：第一个是国内的整车厂商，第二个是汽车售后，第三个是出口市场，还有一些很小的分散市场。整车厂自主品牌包括长安、吉利、比亚迪、长城、奇瑞，合资品牌则以美国品牌为主，如福特、通用。德系车主要由博世占有，日系车主要由 NSK 等日本厂商占有。我们的产品主要都是依据整车厂的要求进行开发的（a55），售后市场则主要遵循我们的标准。新产品主要是根据整车厂的新车进行开发，与此同时，我们会开发一些创造性的产品去推荐给客户（a56）。市场上每一款车用的火花塞都有区别，目前公司生产线上有 3 000 多个型号的火花塞在生产，类型非常多（a57）。每年我们需要开发的新产品有 30~50 种，还有国内外替代产品，以此来保持我们的市场占有率和客户（a58）。 我们的竞争对手主要是国外的几大厂商，与 NGK 相比，我们大部分还是处于跟随创新阶段（a59），一般他们在新技术开发和应用上会比我们更早，但我们也会随时关注这些变化，并以最快的速度做出反应（a60）。国内不存在竞争对手（a61），基本上对国内厂商，我们具有压倒性的优势，都是被其他中小厂商模仿（a62）。在定价策略上，我们不会和国内同类厂商进行价格战，但是针对国际厂商，我们的价格会相对低一些。 由于现在汽车市场变化很大（a63），我们不得不进行战略调整，试图在其他领域实现跨越（a64），但是如何充分利用公司现有平台是需要思考的问题（a65）。在这方面，我们之前做了很多工作，包括给公司自身做配套，但给内部配套始终面临着需求有限和过往习惯壁垒。在火花塞和点火系统上，我们始终保持循序渐进，在 AI 和智能制造跨领域，经过公司内部试错后开始往这个市场开拓。公司不断培养人才，也开拓了新的市场，增加了新的收益（a66），后面公司会集中精力开发出一些跨领域的“拳头产品”出来，还有就是在新能源电池材料上进行跨领域研发。	a55 依据整车厂的要求进行产品开发 a56 创造性产品推荐给用户 a57 产品种类在生产线上达到 3 000 多种 a58 开发新产品保持市场地位 a59 主要处于跟随创新阶段 a60 关注其他领先对手，时刻做出调整 a61 国内处于领先地位 a62 被国内对手模仿 a63 汽车市场变化大 a64 在其他领域创新 a65 利用公司现有平台 a66 开拓新市场、创造新收益

续 表

案例资料	贴标签
我们的产品市场占有率在自主品牌整车市场中占比 70% 以上，合资品牌大概是 30%，是国内市场上当之无愧的领先者（a67）。各个厂商的市场占有率基本上不会变动太大，主要是与整个汽车行业的大环境有关(a68)。我们的主要盈利点还是依赖于我们的新产品，我们要养活几千人，因此需要不断地保持我们的市场占有率和销售额，所以新产品就显得极其重要，新产品目前平均占到销售额的一半以上（a69）。整个全球市场上，基本上由前几大厂商瓜分市场，日本 NSK 的市场份额最大，产能是我们公司的 1.8 倍左右，其次是美国的 CHAMPION，产能大概是我们公司的 1.4 倍，博世的产能跟我们差不多。为了保持市场份额，产品必须保持高品质和高技术含量，技术必须时刻与汽车行业最新发展趋势保持一致（a70），品质上我们是零缺陷要求。国内原材料这块基本上由几个大的供应商把控，我们没有什么话语权，钢材主要是宝钢和邢钢，氧化铝则需要在日本和印度采购。我们公司上下游都是一些大厂商，导致我们在整个供应链上的话语权很小（a71），我们也希望能够兼并和收购一些上游原材料厂商（a72），但目前来说可能性很小。 适当的竞争有利于整个行业的健康发展，但恶性竞争会损害各个厂商的利益，也会损害行业利益。我们不参与恶性竞争（a73），如目前 NGK 的价格已经较低，我们就不与之进行价格战，而是通过其他类型的更优秀的产品去竞争（a74）。NGK 少部分高端产品利润很高，他会通过其他一些利润不高的产品进行降价处理来侵占其他厂商的市场份额，我们采取的是提供更加优秀的产品进行对抗，而不是进一步降低我们产品的价格（a74）。在我们这个行业，想要把产品做好，需要比较多的技术积累，涉及多种材料的融合，对品质的要求极其严苛,所以进入这个市场还是很有难度的（a75）。 目前，我们收购了美国一家公司和墨西哥一家公司，美国的这家公司在美国仅次于 CHAMPION，收购了这家公司，也就是收购了它的市场，它的市场自然而然就变成我们的市场（a76）。我们主要以代理商模式在售后市场和国际市场上进行推广，国内整车市场中每家厂商在新产品开发前都会找 2~3 家厂商来进行配套开发，如果最后大家的技术都达到要求，就会采用投标形式，用价格决定最后谁作为配套制定厂商，但也会将未中标的厂商放在供应商资源池，以保证供货和预防风险，整个竞争非常激烈（a77）。目前，国内的汽车工程师年纪都不大，不少研究院的院长都是“海归”，很多都受西方文化影响，潜意识认为西方的产品就是好的，因此如果我们想要获得市场，就必须说服这群人，这就需要有过硬的质量保证（a78）。	a67 国内市场份额领先者 a68 市场格局形成 a69 新产品占销售额一半以上 a70 技术必须与最新趋势保持一致 a71 供应链话语权小 a72 希望通过兼并和收购提高话语权 a73 不参与恶性竞争 a74 通过优秀产品进行竞争 a75 进入市场需要深厚技术积累 a76 并购美国第二名 a77 行业竞争非常激烈 a78 西方文化对行业影响较深

续 表

案例资料	贴标签
我们在开发新产品时，客户基本都会有介入（a79），客户提供技术要求，用我们的标准，由我们进行设计和制造，然后我们送样品给客户，客户再进行试验，最后把结果和技改方案反馈给我们，可能是材料要更换，也可能是设计要修改（a80）。打样过程中，客户会审核包括材料、设计、设备在内的所有东西，在批量制造过程中，客户会监控生产过程和工艺。这个行业客户参与度非常高，与客户的沟通极其重要，沟通越多，越能取得客户的信任（a81），最终中标的可能性也越大。如果新产品开发两年就能够商用算比较快的，一般都要超过三年（a82）。 我们会通过产品质量和服务赢得客户的信任（a83），产品质量是硬实力，服务是软实力，任何一方面出现问题都会极大地影响我们的信誉和市场（a84）。通过对客户进行访谈，评估客户满意度。一般整车厂可以直接通过他们的年度供应商评价获知对我们的满意情况。在服务上，只要客户提出需求，我们一般会在 24 小时内解决（a85）。随着整车厂新车类型越来越多，客户对我们产品类型的要求也越来越多，相对应的，量也越来越小，不像过去一款车可以不做改动就能卖很多年（a86）。比如，目前的奇瑞汽车出了很多车型，而有些车型一年的需求才几百辆，更新换代的速度非常快，产品生命周期也越来越短（a87）。	a79 客户介入新产品开发 a80 客户反馈，厂商进行产品修改 a81 与客户的沟通极其重要，沟通越多，越能取得客户的信任 a82 新产品商用超过两年 a83 通过产品质量和服务赢得客户的信任 a84 顾客的满意会影响公司的信誉和市场 a85 顾客投诉会在 24 小时内得到满足 a86 产品类型越来越多，量越来越小 a87 产品生命周期越来越短

完成对资料的现象定义工作后，然后对标签进行概念化和范畴化工作。将 87 个标签概括成个 87 概念，用“aa+ 序号”表示，并进一步浓缩为 40 个范畴，用“A+ 序号”表示，具体过程如表 7–2 所示。

表 7–2 A 企业案例的概念化和范畴化过程

贴标签	概念化	范畴化
a1 新能源汽车技术发展给公司带来了挑战 a2 新能源汽车体量不断增大 a3 汽车行业逐渐饱和 a4 市场增长缓慢 a5 小型乘用车趋向于涡轮增压大功率燃油车和电动小型城市代步车	aa1 新能源汽车技术发展带来挑战（a1） aa2 新能源汽车体量增大（a2） aa3 汽车行业逐渐饱和（a3） aa4 市场增长缓慢（a4） aa5 涡轮增压大功率和小型电动（a5）	A1 新能源汽车技术（aa1） A2 现有市场增量小，且新能源汽车占比扩大（aa2，aa3，aa4） A3 技术趋势（aa5，aa6，aa7，aa10，aa11，aa32，aa33） A4 东京大学推出成熟氢燃料电池（aa7，aa8） A5 大规模投资于将来电池技术（aa7，aa9）

续 表

贴标签	概念化	范畴化
a6 大型乘用车必然全部会是新能源 a7 商用车慢慢向氢能源电车转换 a8 日本东京大学开发成熟的氢燃料电池 a9 总公司计划投入 100 亿日元用于氢燃料电池研发 a10 固态电池技术 a11 固态电池和氢能源电池将会是技术主要发展趋势 a12 汽车行业颠覆性技术的出现对公司影响很大 a13 在汽车电池技术上做一些技术储备 a14 氢原料电池需要用到陶瓷 a15 公司在陶瓷方面有技术积累 a16 技术在国内位于前列 a17 火花塞点火系统标准委员会的主任单位，国标由我们制定 a18 在国际上有差距 a19 没有技术的企业就没有未来 a20 技术增长拐点到来前要完成转型 a21 成立智能智创公司，为将来做好技术储备 a22 利用自身已有技术储备 a23 利用大学平台	aa6 大型乘用车全部新能源化（a6） aa7 氢能源汽车（a7） aa8 东京大学（a8） aa9 100 亿日元研发资金（a9） aa10 固态电池（a10） aa11 技术趋势（a11） aa12 颠覆性技术影响大（a12） aa13 技术储备（a13） aa14 陶瓷是氢原料电池的材料（a14） aa15 技术积累（a15） aa16 技术国内领先（a16） aa17 主任单位，制定国标（a17） aa18 技术与国际品牌存在差距（a18） aa19 技术决定企业未来（a19） aa20 技术转型（a20） aa21 智能智创公司（a21） aa22 利用技术储备（a22） aa23 利用大学平台（a23）	A6 未来颠覆性技术储备（aa12，aa13，aa40） A7 利用原有知识和技术基础（aa14，aa15，aa22） A8 技术国内领先，与国际顶尖厂商存在差距（aa16，aa18） A9 利用技术优势推动行业进步（aa17，aa34） A10 技术对企业发展很重要（aa19） A11 跨领域技术开发（aa20，aa21，aa23，aa64） A12 市场垄断（aa24，aa25） A13 成本优势（aa26） A14 政府做了行业的前景规划并出台了相应激励政策（aa27，aa28，aa29） A15 与材料技术先进的高校合作，提升关键技术（aa30，aa31） A16 客户深度参与新产品开发（aa35，） A17 新产品实现收益周期长（aa36，aa82） A18 新产品开发是市场要求（aa37，aa38，aa39） A19 强调技术先进性（aa42，aa43） A20 领导层大部分技术出身（aa44） A21 注重技术类人才的引进与培养（aa45，aa48，aa50，aa52） A22 重视技术开发（aa46，aa47，aa49，aa51，aa53，aa54） A23 产品开发满足客户需求（aa55，aa57，aa58）

续　表

贴标签	概念化	范畴化
a24 市场垄断 a25 技术壁垒 a26 推行精益生产 a27 税收优惠 a28 政府对专利技术项目给予不少奖励 a29 政府对汽车行业做了规划 a30 火花塞的技术关键点在于陶瓷 a31 与中南大学等在材料学上比较先进的高校有合作 a32 要求火花塞体积越来越小 a33 要求陶瓷的硬度和抗压能力越来越强 a34 火花塞行业协会主导作用，负责制定和推动标准实施 a35 积极参与整车厂前期开发 a36 应用周期长 a37 每年对标准进行更新 a38 逐步淘汰落后技术 a39 每年会研发新产品 a40 前沿性或者超前性技术开发储备 a41 市场逼迫 a42“985”大学 a43 拥有前沿知识水平 a44 除财务总监，其余高管都是技术背景 a45 人才招聘以工科为主 a46 公司有专门的研发部门 a47 研发由总工程师兼副总负责	aa24 市场垄断（a24） aa25 技术壁垒（a25） aa26 精益生产（a26） aa27 税收优惠（a27） aa28 政府的专利技术奖励（a28） aa29 政府汽车行业前景规划（a29） aa30 技术关键在材料（a30） aa31 与材料学较为先进的高校合作（a31） aa32 火花塞体积越来越小（a32） aa33 硬度和抗压能力越来越强（a33） aa34 制定和更新行业标准（a34） aa35 参与客户前期开发（a35） aa36 新产品实现应用周期长（a36） aa37 每年更新标准（a37） aa38 淘汰落后技术（a38） aa39 每年研发新产品（a39） aa40 前沿性技术储备（a40） aa41 市场要求（a41） aa42“985”高校（a42） aa43 前沿知识水平（a43） aa44 高管大部分为技术背景（a44） aa45 招聘工科为主（a45） aa46 研发部（a46） aa47 总工程师兼副总（a47）	A24 创造新的市场需求（aa56） A25 对标领先对手，跟随创新（aa59，aa60） A26 国内市场处于被追随地位（aa61，aa62） A27 市场变化大（aa63） A28 充分利用原有知识（aa65） A29 进入新的市场（aa66） A30 市场格局（aa67，aa68） A31 新产品销售占比大（aa69） A32 技术先进性（aa70） A33 并购改变现有地位（aa71，aa72，aa76） A34 竞争（aa73，aa74，aa77） A35 市场壁垒（aa75，aa78） A36 客户参与（aa79） A37 客户沟通重要（aa80，aa81，aa84） A38 赢得顾客信任（aa83，aa85） A39 市场需求多样化（aa86） A40 产品更新换代速度快（aa87）

续 表

贴标签	概念化	范畴化
a48 工程师数量近 60 人	aa48 工程师数量 60 人（a48）	
a49 研发经费占销售的 5%~8%	aa49 研发经费占销售额比重大（a49）	
a50 技术员工平均工资高于其他员工	aa50 技术员工工资水平高（a50）	
a51 技术奖励基金	aa51 技术奖励基金（a51）	
a52 专门的技术人员晋升路线	aa52 专门技术人员晋升路线（a52）	
a53 重大技术突破可跳级晋升	aa53 技术突破跳级晋升(a53)	
a54 技术开发失败免责	aa54 技术开发失败免责(a54)	
a55 依据整车厂的要求进行产品开发	aa55 产品开发一般来源于客户需求（a55）	
a56 创造性产品推荐给用户	aa56 推荐用户创造性产品（a56）	
a57 产品种类在生产线上达到 3 000 多种	aa57 产品种类多达 3 000 种（a57）	
a58 开发新产品保持市场地位	aa58 开发新产品保持市场地位（a58）	
a59 主要处于跟随创新阶段	aa59 跟随创新为主（a59）	
a60 关注其他领先对手，时刻做出调整	aa60 对标于领先对手（a60）	
a61 国内处于领先地位	aa61 国内领先（a61）	
a62 被国内对手模仿	aa62 国内被模仿（a62）	
a63 汽车市场变化大	aa63 市场变化大（a63）	
a64 在其他领域创新	aa64 跨领域创新（a64）	
a65 利用公司现有平台	aa65 利用已有平台（a65）	
a66 开拓新市场、创造新收益	aa66 利用新市场创收（a66）	
a67 国内市场份额领先者	aa67 国内市场领先（a67）	
a68 市场格局形成	aa68 市场格局形成（a68）	
a69 新产品占销售额一半以上	aa69 新产品销售占比大(a69)	
a70 技术必须与最新趋势保持一致	aa70 技术要保持先进性(a70)	

续 表

贴标签	概念化	范畴化
a71 供应链话语权小 a72 希望通过兼并和收购提高话语权 a73 不参与恶性竞争 a74 通过优秀产品进行竞争 a75 进入市场需要深的技术积累 a76 并购美国第二名 a77 行业竞争非常激烈 a78 西方文化对行业影响较深 a79 客户介入新产品开发 a80 客户反馈，进行产品修改 a81 客户的沟通极其重要，沟通越多，越能取得客户信任 a82 新产品商用超过 2 年 a83 通过产品质量和服务赢得客户信任 a84 顾客满意会影响公司的信誉和市场 a85 顾客投诉会在 24 小时得到解决 a86 产品类型越来越多、量越来越小 a87 产品生命周期越来越短	aa71 供应链处于弱势地位（a71） aa72 并购策略（a72） aa73 不恶性竞争（a73） aa74 引导良性竞争（a74） aa75 市场壁垒（a75） aa76 收购国外同类厂商（a76） aa77 竞争激烈（a77） aa78 市场偏见（a78） aa79 客户介入产品开发（a79） aa80 尊重客户意见（a80） aa81 与客户沟通很重要（a81） aa82 新产品实用周期长（a82） aa83 赢取顾客信任（a83） aa84 市场受顾客满意影响（a84） aa85 顾客投诉及时解决（a85） aa86 顾客需求多样化（a86） aa87 产品更新换代快（a87）	

7.3 A 企业产学研协同创新驱动因素模型构建与分析

进行主轴译码，通过所分析现象的条件、脉络、行为 / 互动的策略和结果，将各种范畴之间的联系建立起来。借助典范模型，得出对湘火炬产学研协同创新驱动因素的 6 个主范畴。

7.3.1 主范畴一：技术需求（见表 7-3）

表 7-3 主范畴一的典范模型

因果条件	现 象
A1 新能源汽车技术	A2 现有市场增量小，且新能源汽车占比扩大
脉络	
A3 技术趋势	
中介条件	行动 / 互动策略
A4 东京大学推出成熟氢燃料电池	A6 未来颠覆性技术储备
结果	
A11 跨领域技术开发	

汽车自问世以来，已经成为社会发展和人们生活中不可缺少的工具，汽车动力技术也在不断变化，从 1769 年古诺的蒸汽机驱动三轮车开始，到 1834 年托马斯·达文波特的直流电机驱动电动车、1860 年莱诺最早的气体燃料发动机、1901 年托马斯·休·帕克由的合成气驱动汽车、19 世纪中叶卢卡西维茨发明石油提取煤油法，进而出现燃油汽车，再到今天的众多新能源汽车技术，传统的燃油车作为近半个世纪主要的汽车开发方向，在汽车动力技术领域起着举足轻重的作用。A 企业作为燃油车的配套厂商，主要以汽车点火技术作为技术主攻方向，并逐步成长为全球排名靠前的火花塞供应厂商，年产能达到两亿只。世界石化资源的不断枯竭和生态环境的不断恶化，节约资源和保护环境被世界各国作为发展的重要战略。传统燃油车是消耗石化资源和产生大气污染的主要“贡献者”，降低汽车能源消耗和尾气排放成为全球共识。新能源汽车成为发展大趋势，并不断取代燃油车技术；新能源汽车已经呈现出“百花齐放”的繁荣景象，正逐渐成为市场发展的主流。新能源汽车主要分为纯电动汽车技术、混合动力汽车技术和燃料电池动力汽车技术三大类，其中以电池动力技术为主要方向。传统燃油车依赖于火花塞点火启动，而电池动力汽车则不需要点火花塞，对火花塞技术造成技术冲击，呈现逐步代替火花塞技术的趋势。纯电动汽车技术以二次动力电池为动力来源，通过电动机转变为汽车机械能，实现汽车的零排放、零污染，电池性能的优劣直接决

定电动汽车的续航能力，是电动汽车的关键部件。混合动力汽车同时利用两种及以上能源作为动力，主要以“油-电”技术为主，混合动力汽车的缺点是不能实现零排放，优点是通过燃油补足动力电池能量有限的缺陷，成为当前纯电动技术有待提升背景下市场的青睐对象。燃料电池汽车以燃料电池发电作为主要能量源，通过电机驱动车辆行驶的汽车，其动力系统主要由燃料电池系统、储氢系统、驱动电机、动力蓄电池等组成。燃料电池实质上是电化学反应发生器，其反应原理是将燃料中的化学能直接转化为电能。当前已经出现氢氧燃料电池技术，通过氢氧的化学反应生成水并释放电能，成为燃料电池技术的一个重要技术研发方向。

在传统燃油汽车技术时代，A 企业从一个名不见经传的拖拉机内燃机配套厂商逐步发展成为国内领先、全球型的火花塞生产企业，这是燃油技术汽车发展的需求，也是 A 企业自身不断追求卓越技术的最终成果。1992 年，鉴于当时涡轮增压技术的出现，对火花塞陶瓷的抗电击能力产生冲击，公司通过对各类高校在此技术上的研究能力进行寻找，最终选定中南大学、国防科技大学合作进行高性能的陶瓷材料研发，通过两年的努力，开发出了一种新兴陶瓷，其抗电击能力达到两万伏。随着新能源汽车技术的不断发展，传统燃油技术逐步饱和，公司为了在未来市场上有立足之地，通过与国防科技大学合作，在高性能控制技术方面进行技术研发。同时，公司在未来可能的前沿技术领域上，通过与各类高校合作建立产学研基地，进行前沿知识人才培养和技术储备，如与湖南工业大学建立产学研合作基地，共同培养相关方面人才。

面对汽车领域技术的迅速变化，传统燃油汽车将被逐步压缩，同时燃油车将会往高精尖领域发展，A 企业也在不断探索未来能够在新能源汽车方向上占有一席之地的新技术。它与美国高校的两位博士进行电池正负极材料研发，并以此作为切入点进入新能源领域，同时自己独立出原公司的技术团队，设立智能智创公司，与众多高校在智能制造领域进行合作，力图实现先进的工业制造模式。

7.3.2 主范畴二：技术投入（见表 7-4）

表 7-4 主范畴二的典范模型

因果条件	现 象
A8 技术国内领先，与国际顶尖厂商存在差距	A10 技术对企业发展很重要
脉络	

续 表

因果条件	现　象
A7 利用原有知识和技术基础	
中介条件	行动 / 互动策略
A14 政府做了行业的前景规划并出台了相应激励政策	A5 大规模投资于将来的电池技术
结果	
A32 技术先进性	

投入是企业为实现产出而采取的经营行为，研发投入是企业为获得新技术或新产品而进行的包括投入资金购买新设备、材料、技术和其他用于研发的资产行为。资金的投入是企业进行创新活动的基础性资源，资金投入能够获得包括人才、设备、材料和技术在内的资源，是企业持续进行技术创新的关键。资金不仅能够保证技术实现的持续性，也是技术成果实现其价值的必要条件。技术投入体现企业对创新的重视程度，从研发人才的引入和培养、实验设备的购买和使用、实验室的建设与利用、技术成果的转化和推广，这些都体现企业的技术投入，也依赖强大的技术投入支持。没有创新就没有未来，企业要保证自身发展的可持续性，必须依据自身情况，对自身的技术地位、技术对自身发展的重要性、自身已有的知识和资源、行业发展趋势有清晰的认识，构建适合于自身发展的技术创新体系，不断加大技术投入，增强自身技术创新能力。A 企业专注于自身的汽车点火系统，通过对新的陶瓷材料的研发投入，不断升级和更新换代自身产品，使得在线产品达 3 000 多种。

一般企业产学研创新投入越高，其创新的进程会越快，可能产生的创新成果也越多，越有持续进行产学研合作创新的动力，积极性也越高。A 企业从成立不久就确定了以技术为导向的创新战略，持续在技术上进行投入，陶瓷材料是 A 企业技术投入的核心，A 企业注重新材料的研发，利用自身在火花塞方面多年的技术积累，以及利用各类合作平台，不断开发出新技术、新工艺和新产品，不断向高端火花塞领域进军，将陶瓷材料的应用领域不断拓展，取得了不少技术成果。近些年，A 企业联合科研院所和一些配套企业对高性能陶瓷材料和低碳环保技术进行了联合研发，围绕高性能燃油车和新能源汽车这一新兴产业需求，开发出适用于新型发动机的高端火花塞和其他与新能源汽车配套的产品。这些技术成果都来源于 A 企业不断加大的技术投入，包括设备研发、材料研发、人才培养、平台搭建上的持续性投入。近三年，A 企业的研发投入分别为：2014 年 17 500 000 元、2015 年 18 921 000 元、2016 年 19 650 000 元。技术投入的持续增加，极大地促进了 A 企业的技术创新。在技术与创新上，公司拥有国内唯一的火花塞研究所且在美国底特律拥有技术工程开发、技术服务中心，拥有全球最为尖端的各项技术。电阻型、铂铱金火花塞为国内唯一拥有自主技术的生产商。

A 企业已经申请 200 余项专利，大部分为发明专利，其余则是外观和实用新型专利。发明专利包括新陶瓷材料、新点火方法、新设备制造、新工艺、新检测方法、新工具等涉及火花塞、汽车发动机、汽车灯泡等汽车有关组成构件和生产环节，这些专利极大地推动了 A 企业火花塞的质量、竞争优势，扩大了 A 企业的市场份额。技术投入使 A 企业掌握了先进的高级火花塞材料制造技术，产品市场认可度越来越高，国际影响力也持续扩大，始终占据国内龙头位置。A 企业持续进行研发投入，在提升主营业务火花塞材质、样式和品质的同时，利用在汽车领域的已有知识和资源，对企业的产品组成进行调整，将目光拓展到节能环保、新能源汽车等新兴技术领域，通过投入多种业务开发获得经济效益提升，为推进陶瓷材料在其他新兴领域的应用奠定坚实基础。

A 企业在 20 世纪 90 年代就已经通过了 ISO9002 质量体系认证，成为国内同行通过此认证的第一家企业。之后陆续通过了 QS-9000、ISO/TS16949、ISO14001 体系认证；作为国家标准委员会火花塞分标会的秘书长单位，A 企业主导了国内火花塞技术标准的修订；A 企业拥有国内唯一的火花塞研究所，拥有独立的研发试制实验室；A 企业设备自制率排名居全球火花塞企业前列。生产的“火炬”牌火花塞曾荣获国家质量银质奖，“火炬”商标也连续获得湖南省著名商标称号。在客户层面，A 企业也获得了沈阳三菱、富士重工、奇瑞、江淮主机工厂的优秀供应商和品质贡献奖，推出的高压线、点火线圈、火花塞点火模块产品成为国家“863 计划”之一的天然气发动机的点火系统。A 企业的火花塞技术已不只是在国内有影响力，也影响着全世界。A 企业从小到大、由弱变强，逐步成长为行业内的佼佼者，其技术国内领先，获得全球认可，产品远销世界各地。技术是发展的动力源泉，A 企业始终将技术创新放在公司发展的首要位置，坚持以提高企业核心竞争力为根本目标，不断加大对技术创新的各项投入，在全球范围内寻求领先的技术知识，推动技术创新工作，不断取得突破性进展。A 企业注重技术投入对创新的驱动作用，投入巨资引进了美国德尔福公司的 AC 自动化装配线和博大公司的博大自动化装配线，利用自身技术储备、政策导向和产学研合作，生产出高品质的火花塞，也开发出众多与新能源汽车有关的技术和产品。

7.3.3 主范畴三：技术开发（见表 7-5）

表 7-5 主范畴三的典范模型

因果条件	现 象
A13 成本优势	A22 重视技术开发
脉络	
A19 强调技术先进性	
中介条件	行动 / 互动策略
A20 领导层大部分技术出身	A21 注重技术类人才的引进与培养
结果	
A15 与材料技术先进高校合作培养人才和提升关键技术	

任何产品，都有其形成、优化、提升、成熟、消亡的过程，如何能保证每一个产品有更长的生命周期，对其产品的技术创新是一个必然的要求。技术上的一些重大突破通常能驱使企业大力开展技术创新。新技术的产生，也会使企业间产生相互竞争的压力。

技术和产品开发对企业的市场竞争力和未来发展具有重要影响。信息技术、环保技术、节能技术、智能制造技术是当前社会需求最旺盛和发展最快的技术，与其他行业和企业一样，A 企业必须适应技术进步快、产品更新快、市场需求转型快的行业特点。成本的控制不再是企业取胜和弯道超车的关键因素，企业不断创新技术、优化产品结构，适应当前和未来技术开发需求，替代过时技术和强化未来技术，取得技术领先和技术突破。作为目前国内最先进的汽车点火系统解决方案提供商之一，A 企业聚焦技术发展趋势，在完善现有技术的同时，开发出更先进的点火材料技术和新能源辅助技术。技术开发需要对技术有足够的重视，尤其是对技术人才的重视。在 A 企业中，技术背景出身的高级管理人才占企业管理人才的一半以上，技术开发工作得到管理层的绝对支持，以此保持着火花塞技术的领先地位。技术开发一旦停滞、跟不上或偏移技术发展趋势，企业就可能出现业务衰退，并可能被市场淘汰。企业丧失技术领先地位，会削弱技术开发投入资源和提高技术开发风险。为了应对这一风险，A 企业一直大力加强基于材料技术的新一代火花塞产品及相关领域技术的开发，把握未来技术的发展方向。以极限材料和智能管控技术为新一代点火系统的燃油车技术，和以清洁能源为动力的未来汽车技术，决定汽车技术的发展在传统高精尖和未来环保上成为必然趋势。为此，公司已经进行了多年的研发与布局，相关技术和产品的研发也获得了顾客的认可。

面对一系列技术的更新换代和新技术开发的要求，A 企业提出了“技术是企业生命”的口号，从领导层到普通员工都向其灌输技术的重要性，不断加大在技术人才方面的引进和投资，通过与各个高校建立产学研基地，联合培养拥有高知识和高技术水平的先进人才。如与湖南工业大学合作，建立全方位的人才培养体系，为高性能材料和跨领域技术开发提供人才支持。为不断提升民族品牌的竞争力，抢占先机，A 企业不断加强技术开发，建立了多条世界先进的自动化专业生产线，同时设立了处于同行业领先水平的专业火花塞研发机构——火花塞研究所，高端产品开发工作已进入世界前列。A 企业产品类型依靠不断进行的技术开发，从单一的火花塞拓展到汽车电器、水封、起（发）动机，延伸到汽车、摩托车、小型汽油发动机、大型气体发动机、公交车等多个领域。目前 A 企业已拥有铱、铂金火花塞、多侧电极火花塞、特种火花塞、天然气火花塞、工业气体发动机火花塞等产品的自主研发、生产制造领先技术以及高压线、点火线圈、汽车电机等多元化汽配产品的开发与制造技术。尤其是近年来推出的铱、铂金火花塞，使 A 企业成为目前国际上少数几家掌握铱、铂金火花塞生产技术，国内唯一具有中试生产能力并与主机配套的厂家。A 企业成功纳入全球零部件采购体系，跻身国际一流零部件配套企业，营销和售后服务网络遍布全球。

7.3.4 主范畴四：市场需求（见表 7-6）

表 7-6 主范畴四的典范模型

因果条件	现 象
A27 市场变化大	A18 新产品开发是市场要求
脉络	
A25 对标领先对手，跟随创新	
中介条件	行动 / 互动策略
A28 充分利用原有知识	A23 产品开发满足客户需求

续 表

因果条件	现 象
结果	
A31 新产品销售占比大	

企业技术创新与市场是密切相关的。市场需求是企业技术创新的原动力，企业需要及时关注市场对产品特性的需求状况，及时搜集市场信息并对信息做进一步分析，考察市场对产品的接纳程度，有利于企业之间开展合作创新。

我国汽车工业规模巨大，尽管目前私家车保有量已经达到两亿辆左右，但相比发达国家的汽车保有量仍有不小的增长空间，同时汽车的淘汰更新会带来一部分市场容量。随着世界各国对环境保护和资源节约认识的不断提高，新能源汽车的发展呈现爆炸性增长，很多国家已经制定了燃油车淘汰的具体时间点，传统的油利用率低的燃气车将成为最先淘汰的一部分产品。同时，随着生活水平的提高，人们对高性能汽车的需求开始增大，同时对汽车类型和款式的要求也呈现出多样性的特点，从而使目前市场上的高性能汽车销量占比越来越大，很多传统的以低端车起家的车企也在不断升级自身产品，每年都会有大量的不同类型的新车发布。这些市场需求的改变都迫使 A 企业做出相应的转变。

面对市场需求的不断改变，A 企业依托过去与各个高校之间建立的产学研合作关系这一资源优势，坚持遵循“以市场为导向，以客户要求为准绳”的原则，不断创新开拓的理念，不断开发更合乎客户需要的产品，不断改进和提高已有产品的性能。对于出厂的产品，必须符合与客户约定的产品技术性能和标准，及时跟踪顾客使用反馈，快速有效解决顾客疑问。通过不断创新和合作研究开发适应市场的新产品，是企业生存发展之本，是市场之需，是利润增长和竞争优势之源。产品创新是企业发展的生命线，创新立足于新应用、新趋势，如花大力气研发汽车工业，环保高效地黏结钕铁硼永磁体，始终跟随市场变化和客户需求，生产出符合客户期望的产品。凭借领先的技术、优异的质量和完善的服务，A 企业产品在占据中国市场主要份额的同时，已批量出口至世界各地。A 企业的新产品始终占据着企业销售额的一半以上，成为主要的利润来源点。

目前，A 企业主导产品“火炬牌”火花塞广泛用于汽车、摩托车、小型汽油发动机、工业火花塞等，成功成为上海通用、长安福特、一汽轿车、长安汽车、沈阳三菱、东安三菱、奇瑞汽车、江淮汽车、吉利汽车、绵阳新晨、大长江集团、钱江、雅马哈、百利通、科勒、富士、TTI 等知名汽车、摩托车及小型汽油机生产厂家的重点配套供应商。A 企业占有发动机 OEM 配套一半以上的市场份额，多次获得“全国百家优秀汽车零部件供应商”和“全国公交系统十佳优秀供方会员单位”称号，连续多年获得沈阳三菱和奇瑞汽车“优秀供应商”“核心供应商”称号。

7.3.5 主范畴五：市场竞争（见表 7-7）

表 7-7 主范畴五的典范模型

因果条件	现 象
A34 竞争	A12 市场垄断；A30 市场格局；A35 市场壁垒
脉络	
A9 利用技术优势推动行业进步	
中介条件	行动 / 互动策略
A29 进入新的市场	A33 并购改变现有地位
结果	
A24 创造新的市场需求	

市场竞争迫使科技型中小企业开展技术创新。目前，市场竞争越来越激烈，就国内上市企业而言，尽管 A 企业处于领头羊地位，但火花塞是一个全球开放性的市场，市场销售额目前基本上被日本 NGK、美国 Champion、德国博世、日本电装 DENSO、A 企业等瓜分，同时，每一个厂商都在相关领域进行了技术储备和开发。例如，成立于 1936 年的日本 NGK 火花塞公司，多年来利用其在火花塞陶瓷技术方面的研发制造优势，将产品扩展到传感器、半导体和其他主要用于汽车的产品。现在，NGK 看到了固态电池的未来，认为这种电池将比目前用于电池电动车（EV）的锂离子电池更安全、更强大、更轻，也可以更快地充电，因此与东京大学、丰田等公司合作开发固态汽车电池。在市场容量一定的情况下，各个厂商之间的竞争就显得尤为激烈。尽管 A 企业近年利润大幅上涨，发展势头好，但 A 企业的市场基本都在国内的一些整车厂。在国际市场上，A 企业在和美国、日本同行企业的竞争中，一直处于弱势地位，公司产品的档次、质量和更新换代跟日本相比还有一定的差距，但通过与国内外众多的高校、研究开发机构和高科技公司

的合作，已经有了很大的进展，但仍需进行追赶。在日趋加剧的市场竞争压力下，企业希望开拓新市场并提高其市场占有率，不得不选择最新的科学技术，提高产品质量；不得不进行工艺创新，降低产品成本，开发新的产品。

市场竞争让 A 企业产生危机感、紧迫感，从而使压力变为动力。为了在市场竞争中脱颖而出，A 企业花大力气进行技术创新。A 企业正在新能源汽车领域发力，由于汽车对安全性能要求较高，公司使成分配方优化、生产工艺改善、设备改型、装置完善、表面处理方法改进等贯穿火花塞研发生产过程中的各个环节，对企业高档火花塞产品质量的改善和领先优势的保持起到了巨大的推动作用。为了更好地参与竞争、获得自身的竞争优势，A 企业充分利用已有资源，对竞争对手时刻进行追踪，及时把握竞争对手技术产品的开发进展和开发方向，再通过寻找相关的拥有此类知识和技术优势的高校进行合作，用最短的时间和开发成本，应对来自对手的竞争。

自 1999 年开始，A 企业收购了香港鸿本实业有限公司、香港鸿源贸易公司和 STEVE W.WANG，全资拥有美国 MAT AUTOMOTIVE, INC. 和 MIDWEST AIR TECHNOLOGIES, INC 两家公司及在中国的九家公司里的 75% 股权。MAT 等公司主要从事刹车盘、刹车毂的制造和出口，在美国拥有 1 亿多美元长期稳定的汽配市场份额，刹车盘、刹车毂的美国售后服务市场占有率达 20%。

7.3.6 主范畴六：顾客满意（见表 7-8）

表 7-8 主范畴六的典范模型

因果条件	现 象
A39 市场需求多样化	A40 产品更新换代速度快
脉络	
A17 开发新产品实现收益周期长；A26 国内市场处于被追随地位	
中介条件	行动 / 互动策略
A16 客户深度参与新产品	A36 客户参与；A37 客户沟通重要
结果	
A38 赢得顾客信任	

在以技术为主导的科技型中小企业中，客户满意是驱动企业创新的关键所在。传统的创新往往是企业先行研发出来产品，然后再去向客户推销，这种模式常常导致技术与市场脱节的现象发生，尤其像A企业这种以火花塞为核心产品的企业，往往埋头几年研发出来的新技术新产品并不为市场接受，跟不上时代的变化，不仅造成人力、财力、资源的巨大浪费，也严重降低了企业的竞争力和发展能力。“坚持以客户价值观为导向，持续不断提高客户满意度”越来越成为A企业进行创新活动的基准，只有准确把握客户需求，将创新与客户需求紧密结合，开发出真正符合客户需求的技术和产品才能提高客户满意度。国内汽车品牌兴起初期，为了提升汽车品质，国内很多厂商被迫采购国外昂贵的火花塞，A企业作为国内的火花塞生产企业排头兵，意识到客户对低价和质量好的火花塞的需求，于是投入大量人力、财力，与国内的华中科技大学、中南大学等高校进行合作研发，成果开发出质量过硬的火花塞产品，获得了国内整车厂的充分认可。

为了更好地四参与竞争，A企业充分挖掘并满足客户需求，通过以密切协作夯实合作基础，与客户携手并肩、同舟共济，真正呈现了合作共赢的理想局面。公司依托自身的技术优势，建立了“个性化服务销售模式”，将公司与客户紧紧维系在一起，与客户组建共同研发体系，不但直接拉近了公司与客户的关系，而且便于公司把握市场新技术的发展方向，引领行业的发展。A企业还与世界上知名电机设备制造商等跨国企业建立了共同研发体系，联合开发具有前瞻性的产品。同时，通过充分与市场沟通，了解客户的需求，从质量、产品定位等方面广泛听取客户对企业的要求，与国内外各个高校合作，使公司拥有广泛的知识和人才资源，能够在最短的时间内开发出符合顾客需求的产品。

伴随着环境的变化，企业发展过程中往往面临很多困难，既然选择了做提升技术，遇到困难也要坚持做，A企业一直坚持走下去，无论成功与失败。整个行业技术水平在不断提高，新的技术一旦出现，原有技术就会贬值。不进行创新，生产的产品将逐渐没有市场，从而导致顾客流失，长期下去企业将难以存活，为了生存和发展，技术创新是必要的。A企业作为技术型的企业始终把客户需求放在第一位，公司一直倡导大家树立一种客户导向精神，献身事业、开拓创新、埋头苦干、不图虚名。通过创新让合作伙伴和用户受益，企业自然也是得益者。另外，在创新的过程中需要发扬合作精神，A企业与科研院所、企业的合作就是合作精神的体现。

7.4 A企业产学研协同创新驱动因素结果讨论

经过开放性译码、主轴译码及其关联性分析之后，根据研究目的对原始的案例数据资料、概念、范畴，尤其是范畴关系进行了不断的比较，结合对企业关键人物的访谈发现，“技术”和“市场”在驱动A企业实施产学研协同创新中发挥了关键作用，同时将其他范畴串联起来，形成故事线。因此，“技术”和“市场”可以成为联动全部现象的核心范畴，即研究的核心问题范畴化为“技术和市场驱动产学研协同创新”，这一核心范畴的故事线可以概括成：技术日新月异、市场需求变化和竞争日益加剧，传统消耗不可再生资源的汽车技术逐步向能源高利用效率和新能源技术转变，市场也逐步被新能源汽车技术侵蚀，迫切需要高性能的材料技术和新的动力技术以满足市场的需求。同样，智能制造、柔性制造也被用于快速满足市场需求的多样性和低成本上。而最前沿的理论和知识往往源于拥有众多各类研发人才的高校及研发机构，作为社会知识最主要的创造者，他们承担着最基础和最前沿的技术开发和市场洞察，而将这些知识和技术转化为有利于社会发展和人类需求的职能基本由企业承担，二者之间的合作相互弥补对方在技术创新和市场商用化上的短板。A企业成立至今，从农用拖拉机配套厂商逐步成长为国内一流、国际优秀的火花塞点火系统供应商，始终专注于技术创新和市场需求，对先进的知识和技术充满渴求，通过与各类高校和研发机构合作，联合培养优秀研发人员、技工、管理人才，满足自身技术需求，投入巨大的人力和财力，不断拓宽技术领域。目前已经获得的专利数量超过300个，产品从经营了46年的“火炬”牌火花塞，拓展到生产点火线圈、高压线、汽车水封、油水分离器、发电机、活塞环、变速箱等产品，且每一种产品都处于技术先进地位。在激烈的竞争环境中，A企业始终以顾客满意为创新宗旨，依托于市场需求，充分挖掘企业内部知识，与众多高校合作改进生产工艺和工装设备，每年向市场投入符合其需求的数十款新产品，积极响应客户，在最短的时间内解决客户所需，获得了客户的高度认可，市场份额稳步扩大。

7.5 案例结论

企业是市场需求最主要的供给方，高校和科研机构是知识创造的最主要来源，二者间的需求驱动企业与学研方之间建立起合作协同关系，以相互发挥自身优势。如何充分利用学研机构丰富的知识成果，是企业在进行创新过程中需要深入探究的一个重要课题。A 企业作为典型的高新技术企业，研究其进行产学研创新的驱动力并取得成功，剖析出的驱动力因素能够进一步明确企业产学研协同合作的出发点和归宿，使企业与学研机构协同创新时更具有方向性和指导性。通过在产学研协同背景下对 A 企业的深度访谈，结合二手资料收集数据，对数据加以验证和在研究过程中动态补充；运用扎根理论对收集的资料进行开放性译码、主轴译码、选择性译码；通过典范模型的方法找出其产学研协同创新驱动因素的主范畴，在选择性译码中挖掘出统领性核心范畴。案例的结论如下：

其一，通过扎根理论译码分析的 A 企业产学研协同创新，识别出其进行产学研的驱动因素。驱动因素是技术和市场，进一步可细化为技术需求、技术投入、技术开发、市场需求、市场竞争和顾客满意。技术和市场两个驱动因素长期作用于其进行产学研合作创新上，印证了本书的研究主旨，即技术驱动和市场驱动是企业产学研协同创新的主要驱动因素。

其二，产学研协同创新能够为企业的技术和市场带来正向增益效应。在技术和市场双驱动因素下，A 企业通过与学研机构合作，弥补了自身各类资源上的不足，大大缩短了创新获得产出的时间，响应了快速变化的技术和市场需求，从而奠定了行业技术领先地位。

7.6 本章小结

本章在 A 企业案例资料开放性译码阶段，通过对案例数据的现象界定（贴标签）、概念化及范畴化的分析，将 87 个标签概括成 87 个概念，并进一步浓缩为 40 个范畴。开放性译码的范畴为进一步的数据分析奠定了基础。在主轴译码阶段，运用典范模型，通过类聚分析，对比范畴之间的相关关系与因果关系，共挖掘出 6 个范畴，分别是技术需求、技术开发、技术投入、市场需求、市场竞争和顾客满意。在选择性译码阶段，进一步概括出“技术驱动”和“市场驱动”两个核心范畴，统和所有范畴及案例资料，印证了本书研究概念模型中的自变量，企业进行产学研协同创新的驱动力主要来自“技术”和“市场”两个方面，二者共同推动产学研协同的发展。最后，依据前文研究，对企业、学研机构和政府提出了相对应的政策建议。

8 研究结论与展望

8.1 研究结论

本书在资源、竞争和动力理论的基础上，从技术和市场两个角度分析企业进行产学研背后的驱动因素，以及技术和市场对企业产学研协同创新效率的影响。通过仿真分析，发现在两种驱动主因素背景下企业与学研方之间的策略和结果存在差异；通过实证回归分析，构建技术驱动与市场驱动对企业产学研效率的概念模型，并得到相互间的影响结果；通过对C城市群地区高新技术企业进行调查，发现C市、Z市和X市三市的企业产学研协同效率间的差异；利用扎根理论对A企业进行案例分析，进一步印证了驱动企业进行产学研协同创新背后的因素——技术与市场，得到了以下结论。

（1）本书认为企业进行产学研协同创新的驱动力量主要可划归为两大类：技术驱动和市场驱动。技术驱动是企业基于对目前和未来技术发展变化趋势，并结合自身现状与发展需要，利用产学研协同创新获取关键性技术的一种内在驱动因素，有助于企业获取关键性技术或形成未来技术储备，从而利于企业健康长远发展；市场驱动则是企业根据目前市场情况，充分把握客户群体对产品类型需求、市场竞争激烈程度，利用产学研协同创新不断改善现有产品，拓宽产品类目，以满足当前客户需求为主的一种驱动力量，利于企业在激烈的竞争中保护和扩大自身的当前市场份额，加强市场对企业产品的认同。

（2）本书认为技术驱动和市场驱动对产学研组织的协同策略及驱动程度存在差异。技术驱动企业在产学研协同创新背景下，各主体之间存在较为苛刻的均衡条件，由于关键技术的潜在不确定性提升了企业进行产学研投入的成本，这时候体现为企业进行产学研协同创新较为谨慎，需要外部力量进行润滑和监管；市场驱动企业在产学研协同创新背景下，企业基于当前市场情况能够清晰地辨别所进行产学研协同创新能够取得的收益，创新的不确定性大大降低。同时，市场驱动下的合作需要投入的资源较技术驱动下的投入资源少很多，短时间内即可看到投入的成果，促使企业更积极地进行产学研合作。

（3）本书认为技术驱动和市场驱动均正向影响企业的产学研协同效率。根据本书回归实证部分可以发现，技术驱动和市场驱动均对企业产学研协同创新效率产生正向影响。当前市场竞争激烈，对企业协同效率影响最大；由于技术上的先进与否是决定企业能否健康长久发展的关键之一，因此技术需求、技术投入与技术开发也对企业的产学研协同效率有明显的促进作用；基于当前市场需求，企业面临的不确定性低，需要花费和投入的资源相对较少，对整个产学研组织的激励作用偏低，导致市场需求对企业产学研协同效率影响降低。

（4）本书认为不同的企业产学研协同创新受技术驱动和市场驱动的程度存在差异。不同的公司性质、不同行业、不同成立年限、不同注册资本额度和员工规模差异背景下，公司受到的技术驱动和市场驱动程度存在差异。对不同性质的公司：合资股份公司受市场需求驱动最明显，外资公司受市场竞争驱动最显著，集体公司受顾客满意度驱动最显著。对不同行业：金融行业相比于其他行业，其受技术驱动和市场竞争驱动影响均高于其他行业。对不同年龄公司：成立 6~10 年的公司受市场竞争驱动影响明显，而初创型公司则受顾客满意驱动更为显著。对不同注册资本的公司：注册资本越大，受技术驱动和市场驱动更为明显。对不同员工规模的公司：中等员工规模的公司受市场驱动影响更为明显。

（5）企业产学研协同创新效率不同的地区和行业体现出受技术驱动和市场驱动的程度不一样。本书对 C 城市群三个城市的企业产学研驱动因素及协同效率进行研究发现，三个地区体现为技术驱动型产学研协同创新项目整体效率明显高于市场驱动型产学研协同创新项目整体效率，而且 C 市最高。此外，在协同创新两阶段，无论是技术驱动型还是市场驱动型的项目，三个城市在知识协同开发阶段的效率都很高；在知识成果转化阶段，对技术驱动型项目，效率从高到低依次为 C 市、Z 市和 X 市。从行业看，金融业、生物与新医药技术行业在知识协同开发阶段的技术驱动和市场驱动型项目协同效率高于其他行业；各行业在知识成果转化阶段技术和市场驱动项目协同整体效率都较低。无论是分地区还是分行业，分技术驱动型项目还是市场驱动型项目，知识协同开发阶段与知识成果转化阶段的效率同样重要，两者共同决定协同效率的高低。

8.2 政策建议

创新作为社会进步的源泉和不竭动力，是科技文明得以实现的基础。人类通过对各类资源的开发利用，制造出满足自身需求的产品，然而资源都是相对有限的，不管是个人还是组织，也不管是企业还是国家，资源的相对有限都会制约其发展，如何充分利用资源，避免资源不必要的浪费，不仅需要更加先进的技术，同样也需要各主体之间密切合作，发挥各自的资源优势。结合本书的研究，如何正确认识企业进行产学研协同创新的内在出发点和归宿，即产学研协同的驱动因素，并如何充分利用这些因素为产学研协同创新提供源源不断的动力，创新主体应该在此当中得到怎样的启示，本书将从企业、学研机构和政府等方面进行阐述。

8.2.1 对企业的启示

企业作为产学研协同创新中的关键主体，其活动对产学研组织的影响最为巨大，不但决定着产学研前进的方向，而且决定着产学研能否持续且有效进行下去。为了确保产学研协同创新能够有效发挥其节约和充分利用资源获取创新成果的作用，基于前文研究，企业应从以下几个方面看待和进行产学研协同创新合作：一是强化对自身需求的认识。企业直接面向市场，既面临着来自竞争对手和外部环境变化的压力，也面临着内部获取利润满足自身发展和养活企业员工的压力，致使企业在进行创新决策时受到很多掣肘，只有充分分析自身当前面临的境况和期望达到的目标，认识到技术和市场与企业当前和未来间的相互关系，才能真正做到科学创新决策，保证企业稳步健康发展。二是加强产学研过程管控。多方之间的合作存在明显的信息不对称，而且各方之间的利益不一，会导致既定的目标在具体执行过程中产生偏差，协同创新过程中企业要与学研机构保持充分的沟通和监管，确保产学研沿着共同确立的目标前行，保证创新目标的实现。三是要跟随自身战略、技术与市场发展状况及时做出产学研目标调整。外部环境时刻处于变化当中，技术上的改变日新月异，客户的需求也在不断改变或增加，这些变化都会对产学研起初的目标产生影响，尤其在这个知识经济时代，新事物层出不穷，企业一定要关注新知识、新信息，要不断积极主动地进行学习，采用顺应时代发展的新思维、新观念，并将这些新思维和新观念运用于产学研协同创新中。不打破已有的僵化、过时的东西，不可能引领企业长期发展，合作获得的创新成果也可能成为资源的浪费。四是注重产学研各阶段成果的有效转化。从第六章 DEA 分析可知，知识协同开发阶段的效率与知识成果转化阶段的效率并非一致，整体效率依赖于产学研的各个阶段，此时，企业就要做到全过程成果的开发与转化，以期保障整体协同效率的最大化。

8.2.2 对学研机构的启示

学研机构作为产学研协同创新中主要的知识与技术来源方和提供者，提供适合企业需要的知识和技术是其最基本的产学研协同职能，但企业往往受短期市场的影响而产生技术盲目视觉，单纯追求眼前利益可见性的创新需求，而忽略市场内在的最终技术趋势，这就需要学研机构在一定程度上引导产学研协同创新的进行。考虑到企业进行产学研协同创新受技术和市场双重驱动，学研机构需要做到以下几点：第一，充分把握企业产学研协同创新背后的动机因素。成功的产学研协同创新建立在彼此信任的基础上，各主体间的主观积极性得到充分挖掘与发挥，只有真正了解了企业的需求，学研机构才能创造出符合企业需求的知识和技术，而不是创造出不为企业认可的无用成果，造成资源的浪费。第二，加强先进前沿领域技术的探索开发。不管企业进行产学研协同创新是否基于长远技术需求或是当下市场需求，当这些技术正好是企业当前进行产学研协同创新的驱动因素时，则学研机构会有更多的资源，如果这些技术并非企业当前产学研协同创新背后的驱动因素，并不代表这些先进前沿技术的储备在将来不会成为企业所需或者社会所需。第三，加强与企业合作的连续性与延续性。通过与企业进行产学研协同创新会创造出多种类型的新知识或新技术，有些知识和技术并未充分得到开发前产学研协同创新既定目标就已经实现，为防止这些衍生的知识技术夭折，学研机构应对其进行继续研究，与企业进行再沟通或者寻求对这些知识技术有需求的企业进行合作，确保这些知识技术的充分挖掘。

8.2.3 对政府的启示

技术和市场会驱动企业自发进行产学研协同创新，对协同创新发展发挥关键作用，但自发驱动并非是万能的，存在其自身固有的缺陷，企业的短视和狭隘可能导致出现失灵的现象，这时要确保产学研形成并朝着正确的方向发展，避免资源的重复浪费，就需要借助政府的力量。通过政府的宏观调控促进技术创新资源的合理配置，通过政府的激励政策进行有效的刺激诱导企业进行产学研协同创新。政府可以凭借行政手段推出一系列指导政策对产学研创新提供引导，从而弥补自驱动机制的缺陷。为了促进产学研协同创新能够有效进行，参考各国政府在这方面的实践看，政府应从以下几个方面采取行动：一是政府直接资助。政府直接资助是最直接的政策支持手段，也是各国政府采用较广的一种方式。通过对能够极大满足社会当前需求和未来占领技术制高点的产学研项目进行直接资助，确保其有充分的资源进行创新。二是政府采购。在很多领域，政府采购对创新起着很大的鼓励作用。政府部门本身需求就是一个大的市场，这个市场就是驱动企业进行产学研协同创新的市场因素。三是产业科技政策和战略规划。政府通过设立创新项目和对未来产业发展设立方向和目标，明确了产学研协同创新驱动目标。四是制定法律法规。法律法规具有明示作用、预防作用和规范作用，可以为产学研创新的开展提供强有力的保证。法律法规主要以法律条文的形式明确告知哪些行为是合法的，哪些行为是非法的。尤其是完善的知识产权、市场竞争方面的相关法律法规，可以极大促进创新实践活动的发展。五是完善基础设施服务。政府应该在条件允许的情况下建立技术创新的服务中心，帮助企业和学研机构解决信息不对称的问题，搭建平台，为企业和学研机构提供合作的渠道。

8.3 研究展望

本书对企业产学研协同创新的驱动因素及其对协同效率的影响进行了较为系统和全面的研究，并获得了具有参考和借鉴意义的结论。但是，企业创新是一个庞大的、系统性的战略工作，受到各个宏观和微观因素的影响，本书仅从驱动的主要因素着手，还有部分研究不透彻、不全面的地方，后续有必要做进一步研究。

（1）在驱动因素中，将政府和其他中介机构作为技术或者市场驱动中的一部分，研究不够透彻。后续研究可将其单独列出作为一项驱动因素，研究其对企业产学研协同创新效率的影响。

（2）本书采用问卷的方式获取数据，研究是通过将定性数据量化后进行处理分析的。后续研究可考虑利用企业或者产学研组织的财务数据、专利数据等一手定量数据进行分析。

（3）本书实证尽管发现技术驱动和市场驱动均能够正向影响企业的产学研协同效率，但并未深入研究两者间协同效率的差异。后续研究可以对比分析技术驱动和市场驱动对企业产学研协同创新效率产生的差异性影响，以及这种差异背后的深层次原因。

参考文献

[1] 关晓静 . 统计局解读《2016 年全国科技经费投入统计公报》[J]. 科学中国人 , 2017(30):68–69.

[2] 赵京波 . 我国产学研合作的经济绩效研究与模式、机制分析 [D]. 长春：吉林大学 , 2012.

[3] 蔡兵 . 创新与产学研合作 [M]. 广州：广东经济出版社 , 2010.

[4] 蔡林 . 系统动力学在可持续发展研究中的应用 [M]. 中国环境科学出版社 , 2008.

[5] ANSOFF HI. Corporate strategy: Business policy for growth and expansion[M].New York: McGraw–Hill Book Company,1965.

[6] MARKUSEN A. Fuzzy concepts, scanty evidence, policy sistance: The case for rigour and policy relevance in critical regional studies[J]. Regional Studies,2003,37(6–7):701–717.

[7] MAGGIONO MA, NOSVELLI M, UBERTI TE. Space versus networks in the geography of innovation: A European analysis[J]. Papers in Regional Science,2007,86(3):471–493.

[8] 胡恩华 , 刘洪 . 基于协同创新的集群创新企业与群外环境关系研究 [J]. 科学管理研究 , 2007(6):23–26.

[9] 陈劲、阳银婧 . 协同创新的驱动机理 [J]. 技术经济 .2012, 31(8): 6–11.

[10] S.N. AFRIAT. Efficiency estimation of production functions[J]. International Economic Review, 1972, 13(3):568–598.

[11] 池仁勇 , 虞晓芬 , 李正卫 . 我国东西部地区技术创新效率差异及其原因分析 [J]. 中国软科学 , 2004(8):128–131.

[12] 刁丽琳 . 产学研合作契约类型、信任与知识转移关系研究 [D]. 广州：华南理工大学 ,2013.

[13] 黄青 . 产学研合作政策与高校知识创新链关系的研究 [D]. 杭州：浙江理工大学 ,2016.

[14] 李志强 , 李凌己 . 国内产学研结合发展的新趋势 [J]. 清华大学教育研究 , 2005, 26(4):97–103.

[15] 吴宏元 , 郑晓齐 . 大学产学研合作支持体系的构建 [J]. 高等工程教育研究 , 2006(6):48–51.

[16] 杨东升，张永安．冲突分析理论在产学研合作中的应用 [J]. 研究与发展管理，2007, 19(6):134–137.

[17] 姚威．产学研合作创新的知识创造过程研究 [D]. 杭州：浙江大学，2009.

[18] 陈满新．产学研政策的测量、演变及绩效研究 [D]. 杭州：浙江理工大学，2017.

[19] 孙福全．主要发达国家的产学研合作创新：基本经验及启示 [M]. 北京：经济管理出版社，2007.

[20] MOWERY D C. Collaborative R&D: How effective is it[J]. Issues in Science & Technology, 1998, 15(1) :37–44.

[21] AGRAWAL A K. University–to–industry knowledge transfer: Literature review and unanswered questions[J]. International Journal of Management Reviews, 2001, 3(4):285–302.

[22] PISANO G P. The governance of innovation: Vertical integration and collaborative arrangements in the biotechnology industry[J]. Research Policy, 1991, 20(3):237–249.

[23] LIU X, WHITE S. Comparing innovation systems: A framework and application to China’s transitional context [J]. Research Policy, 2001, 30(7):1091–1114.

[24] 祖廷勋，张云虎，陈天仁，等．产学研合作创新的动力机制——基于新制度经济学层面的分析 [J]. 河西学院学报，2006, 22(1):24–27.

[25] EOM B Y, LEE K. Determinants of industry–academy linkages and, their impact on firm performance: The case of Korea as a latecomer in knowledge industrialization [J]. Research Policy, 2010, 39(5):625–639.

[26] TUNCEL G, ALPAN G. Risk assessment and management for supply chain networks: A case study[J]. Computers in Industry, 2010, 61(3):250–259.

[27] GARCIA–PONT C, NOHRIA N. Local versus global mimetism: The dynamics of alliance formation in the automobile industry[J]. Strategic Management Journal, 2002, 23(4):307–321.

[28] OKAMURO H, NISHIMURA J. Impact of university intellectual property policy on the performance of university–industry research collaboration[J]. Journal of Technology Transfer, 2013, 38(3):273–301.

[29] TUNCEL G, ALPAN G. Risk assessment and management for supply chain networks: A case study[J]. Computers in Industry, 2010, 61(3):250–259.

[30] GRANT HARMAN. University–industry research partnerships in Australia : extent , benefits and risks[J].Higher Education Research & Developments,2001,20(3): 245–264.

[31] PERKMANN M, WALSH K. University-industry relationships and open innovation: Towards a research agenda[J]. International Journal of Management Reviews, 2007, 9(4):259-280.

[32] D'ESTE P, PATEL P. University-industry linkages in the UK: What are the factors underlying the variety of interactions with industry[J]. Research Policy, 2007, 36(9):1295-1313.

[33] Cyert R M, GOODMAN P S. Creating effective University-industry alliances: An organizational learning perspective[J]. Organizational Dynamics, 1997, 25(4):45-57.

[34] 吕海萍，龚建立，王飞绒，等. 产学研相结合的动力——障碍机制实证分析 [J]. 研究与发展管理，2004, 16(2):58-62.

[35] 樊治平，冯博，俞竹超. 知识协同的发展及研究展望 [J]. 科学学与科学技术管理，2007, 28(11):85-91.

[36] GARCI á -OLIVARES A. Self-organization and intermittency in social systems: Towards a science of complexity[J]. Kybernetes, 1993, 22(3):9-19.

[37] H. 哈肯. 协同学引论 [M]. 北京：原子能出版社，1984.

[38] 郭治安. 协同学入门 [M]. 成都：四川人民出版社，1988.

[39] H. 哈肯. 协同学：大自然的构成的奥秘 [M]. 上海：上海译文出版社，2005.

[40] 孙玲. 协同学理论方法及应用研究 [D]. 哈尔滨：哈尔滨工程大学，2009.

[41] FUCHS C, HOFKIRCHNER W. Self-organization, knowledge and responsibility[J]. Kybernetes, 2005, 34(1/2):241-260.

[42] 郭治安，沈小峰. 协同论 [M]. 太原：山西经济出版社，1991.

[43] PORTER, MICHAEL E. Competitive strategy technigues for analyzing industries and competitors[J]. Competition, 1980.

[44] COOL K, DAN S. Performance differences among strategic group members[J]. Strategic Management Journal, 1988, 9(3):207-223.

[45] RUMELT R P. How much does industry matter[J]. Strategic Management Journal, 2010, 12(3):167-185.

[46] GERSHENSON C, ROSENBLUETH D A. Adaptive self-organization vs static optimization: A qualitative comparison in traffic light coordination[J]. Kybernetes, 2012, 41(3/4):386-403.

[47] PORTER, MICHAEL E. Competitive strategy technigues for analyzing industries and competitors[J]. Competition, 1980.

[48] PENROSE E. The theory of the growth of the firm, 1959[J]. Managerial & Decision Economics, 1995, 2(3):192–193.

[49] 尼克莱·J. 福斯，克里斯第安·克努森，李东红. 企业万能：面向企业能力理论[M]. 大连：东北财经大学出版社，1998.

[50] WERNERFELT B. A resource–based view of the firm[J]. Strategic Management Journal, 1995, 16(3):171–174.

[51] TEECE D J, PISANO G SHUEN, A. Dynamic capabilities and strategic management[J]. Strategic Management Journal, 2015, 18(7):509–533.

[52] HITT M A, HOSKISSON R E, IRELAND R D. Strategic management: Competitiveness and globalization, 7th Edition[J]. 1999, 21(2):27–46.

[53] CHAPMAN R L, CORSO M. From continuous improvement to collaborative innovation: The next challenge in supply chain management[J]. Production Planning & Control, 2005, 16(4):339–344.

[54] 张钢，陈劲，许庆瑞. 技术、组织与文化的协同创新模式研究[J]. 科学学研究，1997(2):56–61.

[55] Lee K R. Toward a new paradigm of technological innovation: Convergence innovation[J]. Asian Journal of Technology Innovation, 2015, 23(1):1–8.

[56] 张哲. 基于技术扩散的产业集群创新动力研究[J]. 山东社会科学，2009(2):111–113.

[57] 符刘才. 校企产学研战略联盟技术创新驱动力的形成模式[J]. 价值工程，2012, 31(10):7–8.

[58] 张琼瑜，李武武. 基于CAS理论的产业集群协同创新动力机制构建[J]. 商业经济研究，2012(1):115–116.

[59] 熊励，季佳亮，陈朋. 基于平台经济的数字内容产业协同创新动力机制研究[J]. 科技管理研究，2016, 36(2):21–25.

[60] 史宝娟，郑祖婷. 创新生态系统协同创新合作机制研究——进化心理学视角[J]. 科技进步与对策，2017,34(21):16–23.

[61] 张春阳. 我国制造业企业技术创新动力机制研究[D]. 哈尔滨：哈尔滨大学，2008.

[62] PADMORE T, GIBSON H. Modelling systems of innovation: A framework for industrial cluster analysis in regions[J]. Research Policy, 1998, 26(6): 625–641.

[63] 李柏洲，朱晓霞. 区域创新系统（RIS）创新驱动力研究[J]. 中国软科学，2007, 8:93–99.

[64] FREEMAN C. Networks of innovators: A synthesis of research issues[J]. Research policy, 1991, 20(5): 499–514.

[65] ASHEIM BT ISAKSEN A. Regional innovation systems: The integration of local 'sticky' and global 'ubiquitous' knowledge[J]. The Journal of Technology Transfer, 2002, 27(1): 77–86.

[66] 郭宏 . 基于协同创新的高技术企业绩效管理研究 [D]. 天津 : 天津大学 ,2008.

[67] 尹润锋 . 战略导向、领导风格对协同创新绩效作用机理研究 [J]. 科技进步与对策 ,2013,30(10):7–11.

[68] FRITSCH M. Cooperation and the efficiency of regional R&D activities[J]. Cambridge Journal of Economics, 2004, 28(6): 829–846.

[69] FLORIDA R, LEE SY. Innovation, human capital, and diversity[C]//Presentation Given at the APPAM 2001 Research Conference, November, Washington, DC. 2001.

[70] GREUNZ L. Intra–and inter–regional knowledge spillovers: Evidence from European regions[J]. European Planning Studies, 2005, 13(3): 449–473.

[71] 吴玉鸣 . 空间计量经济模型在省域研发与创新中的应用研究 [J]. 数量经济技术经济研究 , 2006,23(5):74–85.

[72] 郭国峰 , 温军伟 , 孙保营 . 技术创新能力的影响因素分析——基于中部六省面板数据的实证研究 [J]. 数量经济技术经济研究 ,2007,9:134–143.

[73] BONACCORSI A, PICCALUGA A. A theoretical framework for the evaluation of university–industry relationships[J]. R & D Management, 2010, 24(3):229–247.

[74] BöLLING M, ERIKSSON Y. Collaboration with society: The future role of universities? Identifying challenges for evaluation[J]. Research Evaluation, 2016, 9(2):rvv043.

[75] 范德成 , 唐小旭 . 我国各省市产学研结合技术创新的绩效评价 [J]. 科学学与科学技术管理 , 2009, 30(1):66–70.

[76] PERKMANN M, NEELY A, WALSH K. How should firms evaluate success in university–industry alliances? A performance measurement system[J]. Social Science Electronic Publishing, 2011, 41(2):202–216.

[77] SEPPO M,LILLES.A Indicators measuring university–industry cooperation[J]. Social Science Electronic Publishing, 2012, 20(1):204–225.

[78] LACKA I. Evaluation of the effectiveness of relations in network organizations [M]. Management of Network Organizations. Springer International Publishing, 2015:137–152.

[79] JA PERTUZ é , ES CALDER, EM etal. Best practices for industry-university collaboration[J]. Mit Sloan Management Review, 2010, 51(4):83-90.

[80] BöLLINGlling M, ERIKSSON Y. Collaboration with society: The future role of universities? Identifying challenges for evaluation[J]. Research Evaluation, 2016, 9(2):rvv043.

[81] KAPLAN R S, NORTON D P. The balanced scorecard——measures that drive performance.[J]. Harv Bus Rev, 1992, 70(1): 71-79.

[82] LEYDESDORFF L, ETZKOWITZ H. Le « Mode 2 » et la globalisation des syst è mes d' innovation « nationaux » : Le mod è le à Triple h é lice des relations entre universit é , industrie et gouvernement[J]. Sociologie Et Soci é t é s, 2000, 32(1):135-156.

[83] 陈勇军 , 张飞涟 , 刘尚 . 基于随机前沿分析的产学研科技创新技术效率研究 [J]. 科技进步与对策 , 2015(24):21-24.

[84] 肖丁丁 , 朱桂龙 . 产学研合作创新效率及其影响因素的实证研究 [J]. 科研管理 , 2013, 34(1):11-18.

[85] 钟鸣长 . 基于两阶段共同边界 DEA 的产学研协同创新效率研究 [J]. 江南大学学报 (人文社会科学版),2018,17(1):93-100.

[86] 王秀丽 , 王利剑 . 产学研合作创新效率的 DEA 评价 [J]. 统计与决策 , 2009(3): 54-56.

[87] 刘民婷 , 孙卫 . 基于 DEA 方法的产学研合作效率评价研究——以陕西省制造业为例 [J]. 科学学与科学技术管理 , 2011, 32(3):11-15.

[88] 仇冬芳 , 胡正平 . 我国省域产学研合作效率及效率持续性——基于省域面板数据和 DEA-Malmquist 生产率指数法 [J]. 技术经济 , 2013, 32(12):82-89.

[89] 何郁冰 . 产学研协同创新的理论模式 [J]. 科学学研究 , 2012, 30(2):165-174.

[90] 张国强 , 冯套柱 , 卫聚金 . 企业技术创新动力理论探讨 [J]. 技术与创新管理 , 2010, 31(1):23-26.

[91] 林春艳 , 林晓言 . 技术创新理论述评 [J]. 技术经济 , 2006, 25(6):4-7.

[92] 邓光军 . 研发与新兴技术投资的实物期权模型及应用研究 [D]. 电子科技大学 , 2006.

[93] BALACHANDRA R, GOLDSCHMITT M, FRIAR J H. The evolution of technology generations and associated markets: A double helix model[J]. IEEE Transactions on Engineering Management, 2011, 51(1):3-12.

[94] 芮明杰，巫景飞，何大军．MP3 技术与美国音乐产业演化 [J]. 中国工业经济，2005(2):110–117.

[95] ADOMAVICIUS G, BOCKSTEDT J C, GUPTA A, et al. Technology roles and paths of influence in an ecosystem model of technology evolution[J]. Information Technology & Management, 2007, 8(2):185–202.

[96] LAURSEN K, SALTER A. Searching high and low: What types of firms use universities as a source of innovation[J]. Research Policy, 2004, 33(8):1201–1215.

[97] ASHEIM B T, COENEN L. Knowledge bases and regional innovation systems: Comparing Nordic clusters[J]. Research Policy, 2005, 34(8):1173–1190.

[98] MOODYSSON J, COENEN L, ASHEIM B. Explaining spatial patterns of innovation: Analytical and synthetic modes of knowledge creation in the medicon valley life–Science cluster[J]. Environment & Planning A, 2008, 40(5):1040–1056.

[99] 刁丽琳，朱桂龙，许治．国外产学研合作研究述评、展望与启示 [J]. 外国经济与管理，2011, 33(2):48–57.

[100] 车维汉，张琳．市场结构、政府行为与技术创新关系研究 [J]. 中国社会科学院研究生院学报，2010(1):66–71.

[101] 谢园园，梅姝娥，仲伟俊．产学研合作行为及模式选择影响因素的实证研究 [J]. 科学学与科学技术管理，2011, 32(3):35–43.

[102] 刁丽琳，朱桂龙．区域产学研合作活跃度的空间特征与影响因素 [J]. 科学学研究，2014, 32(11):1679–1688.

[103] 马莹莹，朱桂龙．影响我国产学研合作创新绩效的行业特征 [J]. 科技管理研究，2011, 31(4):98–100.

[104] LEIPONEN A. Competencies, R&D Collaboration, and innovation under different technological regimes[J]. Discussion Papers, 2002.

[105] 朱桂龙，李奎艳．大学－企业合作创新绩效影响因素分析 [J]. 科技管理研究，2008, 28(4):90–92.

[106] FONTANA R, GEUNA A, MATT M. Factors affecting university–industry R&D projects: The importance of searching, screening and signalling[J]. Research Policy, 2006, 35(2):309–323.

[107] LAURSEN K, SALTER A. Searching high and low: What types of firms use universities as a source of innovation[J]. Research Policy, 2004, 33(8):1201–1215.

[108] COHEN W M, LEVINTHAL D A. Absorptive capacity: A new perspective on learning and innovation.[J]. Administrative Science Quarterly, 1990, 35(1):128–152.

[109] 吴家喜，吴贵生．组织整合与新产品开发绩效关系实证研究：基于吸收能力的视角 [J]. 科学学研究，2009, 27(8):1220–1227.

[110] 陈劲，蒋子军，陈钰芬．开放式创新视角下企业知识吸收能力影响因素研究 [J]. 浙江大学学报 (人文社会科学版), 2011, 41(5):71–82.

[111] 裴学亮，朱铁，满小莉．全球价值链视角下产业合作模式选择——来自闽台主导产业的实证研究 [J]. 科技进步与对策，2017, 34(22):47–54.

[112] MOHNEN P, HOAREAU C. What type of enterprise forges close links with universities and government labs? Evidence from CIS 2[J]. Managerial & Decision Economics, 2003, 24(2/3):133–145.

[113] 张赤东，王元．企业创新的动机：来自市场需求的激励——基于国家级创新型企业全样本调查问卷分析 [J]. 中国科技论坛，2014(4):74–79.

[114] 周正，尹玲娜，蔡兵．我国产学研协同创新动力机制研究 [J]. 软科学，2013, 27(7):52–56.

[115] 余子鹏，王今朝．我国企业技术创新选择影响因素的实证分析 [J]. 科研管理，2015, 36(7): 49–55.

[116] 姜百臣，覃劼，陈思宏，等．技术创新的市场需求导向——来自消费者选择偏好的问卷分析 [J]. 科学与管理，2009, 29(1):20–25.

[117] 李刚，郭鹏．基于 DEMATEL 的产学研创新系统关键影响因素识别研究 [J]. 西北工业大学学报（社会科学版），2016, 36(3):66–69.

[118] 戴勇，肖丁丁，锁颍馨．研发投入、企业家精神与产学研绩效的关系研究——以广东省部产学研合作企业为例 [J]. 科学学与科学技术管理，2010, 31(11):136–142.

[119] 张婧．市场导向、创新、组织学习和组织绩效的关系研究 [J]. 科技管理研究，2005, 25(4): 48–51.

[120] 马勇．市场导向、营销创新与组织绩效关系研究：市场驱动还是驱动市场 [D]. 上海：复旦大学，2008.

[121] 森谷正规，徐鸣，陈慧琴．日本的技术——以最少的耗费取得最好的成就 [M]. 上海：上海翻译出版公司，1985.

[122] 高小珣．技术创新动因的“技术推动”与“需求拉动”争论 [J]. 技术与创新管理，2011, 32(6): 590–593.

[123] 王敏，银路．技术推动型与市场拉动型新兴技术演化模式对比研究——基于动态战略管理的视角 [J]. 科学学研究，2008, 26(a01):24–29.

[124] BSTIELER L. The moderating effect of environmental uncertainty on new product development and time efficiency *[J]. Journal of Product Innovation Management, 2005, 22(3):267–284.

[125] TSE D K. The effects of strategic orientations on technology–based and market–based breakthrough innovations[J]. Journal of Marketing, 2005, 69(2):42–60.

[126] SONG M, MONTOYA–WEISS M M. The effect of perceived technological uncertainty on Japanese new product development[J]. Academy of Management Journal, 2001, 44(1):61–80.

[127] BAO Y, CHEN X, ZHOU K Z. External learning, market dynamics, and radical innovation: Evidence from China's high–tech firms[J]. Journal of Business Research, 2012, 65(8):1226–1233.

[128] 肖振鑫，高山行．技术驱动、政府推动与企业探索性创新——基于产业竞争范式和制度理论的双重视角 [J]. 科学学与科学技术管理，2015, 36(3):46–55.

[129] 张震宇．市场需求特征和创新收益预期对企业技术创新动力的联合作用：理论研究 [J]. 技术经济，2014, 33(8):35–41.

[130] 周正，尹玲娜，蔡兵．我国产学研协同创新动力机制研究 [J]. 软科学，2013, 27(7):52–56.

[131] 徐静，冯锋，张雷勇，等．我国产学研合作动力机制研究 [J]. 中国科技论坛，2012(7):74–80.

[132] 张鹏．郑州高新区产学研协同创新动力机制研究 [J]. 商，2016(7):115–115.

[133] 史琳，戴磊，宋微．区域创新体系中产学研合作模式与动力机制研究 [J]. 科技和产业，2013, 13(3):52–56.

[134] PIVA M, VIVARELLI M. Is demand–pulled innovation equally important in different groups of firms[J]. Cambridge Journal of Economics, 2007, 31(5):691–710.

[135] 姜百臣，覃劼，陈思宏，等．技术创新的市场需求导向——来自消费者选择偏好的问卷分析 [J]. 科学与管理，2009, 29(1x):20–25.

[136] FARRELL M J. The measurement of productive efficiency[J]. Journal of the Royal Statistical Society, 1957, 120(3):253–290.

[137] CHAMES A, COOPER W W, PHODES E. Easuring the efficiency of DMU[J]. European Journal of Operational Research, 1978(6):429–444.

[138] CHARNES A, COOPER W W, LI S. Using DEA to evaluate relative efficiencies in the Economic Performance of Chinese Cities[J]. Socio-Economic Planning Sciences, 1989, 23(6):325-344.

[139] BANKER R D, CHARNES A, COOPER W W. Some models for estimating technical and scale inefficiencies in data envelopment analysis[J]. Management Science, 1984, 30(9):1078-1092.

[140] A CHARNES, W W COOPER, B GOLANY, et al. Foundations of data envelopment analysis for Pareto-Koopmans efficient empirical production functions[J]. Journal of Econometrics, 1985, 30(1-2):91-107.

[141] 盛昭瀚 . DEA 理论、方法与应用 [M]. 北京：科学出版社 , 1996.

[142] IMANIRAD R, COOK W D, ZHU J. Partial input to output impacts in DEA: Production considerations and resource sharing among business subunits[J]. Naval Research Logistics, 2013, 60(3):190-207.

[143] FONTANA R, GEUNA A, MATTS M. Factors affecting university-industry R&D projects: The importance of searching, screening and signalling[J]. Research Policy, 2006, 35(2):309-323.

[144] 徐丰伟 , 刘军 . 协同视角下产业技术创新能力评价指标体系的构建 [J]. 江苏商论 , 2011(8):158-160.

[145] 陈光华 , 王建冬 , 杨国梁 . 产学研合作创新效率分析及其影响因素研究 [J]. 科学管理研究 , 2014, 32(2):9-12.

[146] 孙善林 , 彭灿 . 产学研协同创新项目绩效评价指标体系研究 [J]. 科技管理研究 , 2017, 37(4):89-95.

[147] 肖丁丁 , 朱桂龙 . 产学研合作创新效率及其影响因素的实证研究 [J]. 科研管理 , 2013, 34(1):11-18.

[148] LIU X, BUCK T. Innovation performance and channels for international technology spillovers: Evidence from Chinese high-tech industries[J]. Research Policy, 2007, 36(3):355-366.

[149] 唐啸 , 胡鞍钢 , 杭承政 . 二元激励路径下中国环境政策执行——基于扎根理论的研究发现 [J]. 清华大学学报 (哲学社会科学版), 2016(3):38-49.

[150] 李方安 , 陈向明 . 大学教师对“好老师”之理解的实践推理——一项扎根理论研究的过程及其反思 [J]. 教育学报 , 2016(2):58-70.

附　录

调查问卷 1

尊敬的先生 / 女士：

您好！本研究是有关技术与市场驱动的产学研协同创新课题，目的是了解技术和市场驱动对产学研协同创新效率的影响，首先感谢贵公司的支持。由于调查的样本有限，您的回答将是此项研究的重要依据，本问卷将进行汇总统计作为学术研究使用，不做任何商业用途，我们郑重承诺对贵公司信息严格保密。所填结果无所谓标准答案。如果您有兴趣和需要，可告知您的邮件地址：____________________，研究结束后我们可将最终的统计和分析结果反馈给您。

非常感谢您的合作与支持！

公司基本情况

本部分是贵公司的基本资料，对研究分析同样很重要，您所提供的信息仅供分析样本分布之用，绝对保密，请放心填写。请在选项上直接打“√”。

D1. 贵公司的所有制主要是哪一种类型：

1. 国有 2. 集体 3. 私有 4. 外资 5. 合资股份公司

D2. 贵公司所处的主要行业：

1. 制造业 2. 物流运输业 3. 电商 4. 金融业 5. 房地产业 6. 其他非制造业

D3. 贵公司至今已成立多少年：

1. 3 年及以下 2. 4~5 年 3. 6~10 年 4. 10 年以上

D4. 贵公司的注册资本额：

1. 1 000 万元 ~5 000 万元 2. 5 000 万元 ~1 亿元 3. 1 亿元 ~5 亿元 4. 5 亿元以上

D5. 贵公司目前的员工人数：

1. 100 人以下 2. 100~500 人 3. 500~1 000 人

4. 1 000~3 000 人 5. 3 000 人以上

D6. 您在公司的职位：

1. 高层管理者 2. 中层管理者 3. 基层管理者

一、以下问题想了解贵公司产学研协同创新技术驱动的情况，请您勾选各项叙述与贵公司的符合程度。

维 度	题 项	非常不符合→非常符合				
技术需求	A1: 贵公司所在行业技术变化非常快	1	2	3	4	5
	A2: 技术变化为行业发展提供了重要机遇	1	2	3	4	5
	A3: 市场上大多数新产品是通过技术突破实现的	1	2	3	4	5
	A4: 贵公司相比于竞争对手在技术水平上亟待提升	1	2	3	4	5
	A5: 贵公司的成本一直居高不下	1	2	3	4	5
	A6: 政府对行业内的技术发展前景做出了规划和指引	1	2	3	4	5
	A7: 学术界产生了行业相关的前沿理论和技术	1	2	3	4	5
	A8: 公司尝试用技术推动行业进步	1	2	3	4	5
	A9: 技术发展和开发对贵公司所在行业并不是很重要	1	2	3	4	5

续 表

维 度	题 项	非常不符合→非常符合				
技术开发	A10: 贵公司协同过程中注重强化已有知识和技能提高创新效率	1	2	3	4	5
	A11: 贵公司在协同过程中注重使用新技术提高公司运营能力	1	2	3	4	5
	A12: 贵公司在协同过程中非常强调技术开发的先进性	1	2	3	4	5
	A13: 贵公司在协同过程中注重吸收其他行业的技术	1	2	3	4	5
	A14: 贵公司在协同过程中总是期待获得技术上的突破	1	2	3	4	5
	A15: 贵公司协同所瞄准的合作伙伴是在技术上处于前沿的高校等机构	1	2	3	4	5
技术投入	A16：贵公司非常注重高学历技术类人才的引进与培养	1	2	3	4	5
	A17：贵公司高层对技术开发非常重视	1	2	3	4	5
	A18：贵公司在技术研发上投入了大量资金	1	2	3	4	5
	A19：贵公司成立了专门的技术研发部门	1	2	3	4	5
	A20：贵公司有极具诱惑的技术创新激励	1	2	3	4	5
	A21：贵公司倾向于率先将新技术运用到产品开发上来	1	2	3	4	5
	A22：贵公司的领导层绝大部分都是技术出身	1	2	3	4	5

二、以下问题想了解贵公司产学研协同创新市场驱动的情况，请您勾选各项叙述与贵公司的符合程度。

维 度	题 项	非常不符合→非常符合				
市场需求	A1: 贵公司有计划地开发新产品，以影响和改变顾客的消费习惯及偏好	1	2	3	4	5
	A2: 贵公司总是试图向市场推出新的产品或技术标准	1	2	3	4	5
	A3: 贵公司的创造性活动经常会引起新一轮的行业竞争	1	2	3	4	5
	A4: 贵公司总是试图跨领域创新	1	2	3	4	5
	A5: 贵公司产学研合作的目标产品销售额较大					
市场竞争	A6: 贵公司市场份额优于主要竞争对手	1	2	3	4	5
	A7: 贵公司产品销售增长水平优于主要竞争对手	1	2	3	4	5
	A8: 贵公司新产品在市场中处于优势地位	1	2	3	4	5
	A9: 贵公司经常给竞争对手制造障碍	1	2	3	4	5
	A10: 贵公司在努力改变市场中竞争对手的数量	1	2	3	4	5
	A11: 贵公司总是以被动反应的方式应对竞争，而不是企图主动引导竞争	1	2	3	4	5
	A12: 贵公司在技术创新上经常效仿取得成功的竞争对手	1	2	3	4	5
	A13: 贵公司总是试图保持产业链中现有角色而不改变它	1	2	3	4	5
	A14: 贵公司所处的行业竞争非常激烈	1	2	3	4	5
	A15: 贵公司在行业中的技术影响力高于主要竞争对手	1	2	3	4	5

续 表

维 度	题 项	非常不符合→非常符合				
顾客满意	A16: 贵公司试图根据顾客需求进行产品研发或改进	1	2	3	4	5
	A17: 贵公司在新产品或服务中的改进很容易被顾客接受	1	2	3	4	5
	A18: 贵公司新产品或服务有较高转换成本	1	2	3	4	5
	A19: 贵公司的顾客流失率较低	1	2	3	4	5
	A20: 贵公司经常鼓励顾客重新定义产品价值	1	2	3	4	5
	A21: 贵公司改善产品的目的是为了反映顾客的现有需求	1	2	3	4	5
	A22: 贵公司主要依赖顾客的反馈来决定如何提高顾客满意度	1	2	3	4	5
	A23: 从贵公司所面对的市场看，顾客的消费偏好改变很快	1	2	3	4	5

三、以下问题想了解贵公司产学研协同创新效率情况，请您勾选各项叙述与贵公司的符合程度。

维 度	题 项	非常不符合→非常符合				
协同效率	A1: 产学研协同创新成果投入比具有很大优势	1	2	3	4	5
	A2: 产学研协同创新成果占所有创新成果比重大	1	2	3	4	5
	A3: 产学研协同创新成果商业化获益占总获益比大	1	2	3	4	5

——本问卷至此全部结束，感谢您的配合！

——再次感谢您的参与！

调查问卷 2

尊敬的先生 / 女士：

您好！本研究是有关技术与市场驱动的产学研协同创新课题，目的是了解技术和市场驱动对产学研协同创新效率的影响，首先感谢贵公司的支持。由于调查的样本有限，您的回答将是此项研究的重要依据，本问卷将进行汇总统计作为学术研究使用，不做任何商业用途，我们郑重承诺对贵公司信息严格保密。所填结果无所谓标准答案。如果您有兴趣和需要，可告知您的邮件地址：____________________，研究结束后我们可将最终的统计和分析结果反馈给您。

非常感谢您的合作与支持！

一、公司基本情况（本部分是贵公司的基本资料，对研究分析同样很重要，您所提供的信息仅供分析样本分布之用，绝对保密，请放心填写。请在选项上直接打“√”）

D1. 贵公司所属城市：

1.C　2.Z　3.X　4. 其他

D2. 贵公司的所有制主要是哪一种类型：

1. 国有　2. 集体　3. 私有　4. 外资　5. 合资股份公司

D3. 贵公司所处的主要行业：

1. 制造业　2. 物流运输业　3. 电商　4. 金融业　5. 房地产业

6. 生物与新医药技术　7. 电子信息设备　8. 冶金　9. 轨道交通设备

10. 化工　11. 新材料　12. 其他

二、以下问题想了解贵公司产学研协同创新技术驱动的情况，请您勾选各项叙述与贵公司的符合程度。

维度	题项	非常不符合→非常符合				
技术需求	A1: 贵公司所在行业技术变化非常快	1	2	3	4	5
	A2: 技术变化为行业发展提供了重要机遇	1	2	3	4	5
	A3: 市场上大多数新产品是通过技术突破实现的	1	2	3	4	5
	A4: 贵公司相比于竞争对手在技术水平上亟待提升	1	2	3	4	5
	A5: 贵公司的成本一直居高不下	1	2	3	4	5
	A6: 政府对行业内的技术发展前景做出了规划和指引	1	2	3	4	5
	A7: 学术界产生了行业相关的前沿理论和技术	1	2	3	4	5
	A8: 公司尝试用技术推动行业进步	1	2	3	4	5
	A9: 技术发展和开发对贵公司所在行业并不是很重要	1	2	3	4	5
技术开发	A10: 贵公司协同过程中注重强化已有知识和技能提高创新效率	1	2	3	4	5
	A11: 贵公司在协同过程中注重使用新技术提高公司运营能力	1	2	3	4	5
	A12: 贵公司在协同过程中非常强调技术开发的先进性	1	2	3	4	5
	A13: 贵公司在协同过程中注重吸收其他行业的技术	1	2	3	4	5
	A14: 贵公司在协同过程中总是期待获得技术上的突破	1	2	3	4	5
	A15: 贵公司协同所瞄准的合作伙伴是在技术上处于前沿的高校等机构	1	2	3	4	5

续 表

维 度	题 项	非常不符合→非常符合				
技术投入	A16：贵公司非常注重高学历技术类人才的引进与培养	1	2	3	4	5
	A17：贵公司高层对技术开发非常重视	1	2	3	4	5
	A18：贵公司在技术研发上投入了大量资金	1	2	3	4	5
	A19：贵公司成立了专门的技术研发部门	1	2	3	4	5
	A20：贵公司有极具诱惑的技术创新激励	1	2	3	4	5
	A21：贵公司倾向于率先将新技术运用到产品开发上来	1	2	3	4	5
	A22：贵公司的领导层绝大部分都是技术出身	1	2	3	4	5

三、以下问题想了解贵公司产学研协同创新市场驱动的情况，请您勾选各项叙述与贵公司的符合程度。

维 度	题 项	非常不符合→非常符合				
市场需求	A1: 贵公司有计划地开发新产品，以影响和改变顾客的消费习惯及偏好	1	2	3	4	5
	A2: 贵公司总是试图向市场推出新的产品或技术标准	1	2	3	4	5
	A3: 贵公司的创造性活动经常会引起新一轮的行业竞争	1	2	3	4	5
	A4: 贵公司总是试图跨领域创新	1	2	3	4	5
	A5: 贵公司产学研合作的目标产品销售额较大	1	2	3	4	5

续 表

维 度	题 项	非常不符合→非常符合				
市场竞争	A6: 贵公司市场份额优于主要竞争对手	1	2	3	4	5
	A7: 贵公司产品销售增长水平优于主要竞争对手	1	2	3	4	5
	A8: 贵公司新产品在市场中处于优势地位	1	2	3	4	5
	A9: 贵公司经常给竞争对手制造障碍	1	2	3	4	5
	A10: 贵公司在努力改变市场中竞争对手的数量	1	2	3	4	5
	A11: 贵公司总是以被动反应的方式应对竞争，而不是企图主动引导竞争	1	2	3	4	5
	A12: 贵公司在技术创新上经常效仿取得成功的竞争对手	1	2	3	4	5
	A13: 贵公司总是试图保持产业链中现有角色而不改变它	1	2	3	4	5
	A14: 贵公司所处的行业竞争非常激烈	1	2	3	4	5
	A15: 贵公司在行业中的技术影响力高于主要竞争对手	1	2	3	4	5
顾客满意	A16: 贵公司试图根据顾客需求进行产品研发或改进	1	2	3	4	5
	A17: 贵公司在新产品或服务中的改进很容易被顾客接受	1	2	3	4	5
	A18: 贵公司新产品或服务有较高转换成本	1	2	3	4	5
	A19: 贵公司的顾客流失率较低	1	2	3	4	5
	A20: 贵公司经常鼓励顾客重新定义产品价值	1	2	3	4	5
	A21: 贵公司改善产品的目的是为了反映顾客的现有需求	1	2	3	4	5
	A22: 贵公司主要依赖顾客的反馈来决定如何提高顾客满意度	1	2	3	4	5
	A23: 从贵公司所面对的市场看，顾客的消费偏好改变很快	1	2	3	4	5

四、以下问题想了解贵公司某一个产学研协同创新项目情况，请如实填写。

1. 产学研项目名：________________________________（如涉及企业机密，可用虚拟代号表示，如“项目 A”或“项目 B”）

2. 项目周期：________年____月—________年____月

3. 贵公司为此项目投入的资金额度：________

A. 10 万元以下　B. 10 万元 ~20 万元　C. 20 万元 ~50 万元　D. 50 万元 ~100 万元　E. 100 万元以上

4. 贵公司此项目获得的外部投入金额：________

（1）政府资金：________

A. 10 万元以下　B. 10 万元 ~20 万元　C. 20 万元 ~50 万元　D. 50 万元 ~100 万元　E. 100 万以上

（2）其他协同伙伴资金：________

A. 10 万元以下　B. 10 万元 ~20 万元　C. 20 万元 ~50 万元　D. 50 万元 ~100 万元　E. 100 万元以上

5. 贵公司为此项目投入的研究人员累积人数：________

A. 5 人以下　B. 5~20 人　C. 20~50 人　D. 50~100 人　E. 100 人以上

6. 贵公司此协同项目被受理的专利申请数（包括已通过受理的发明专利申请数、发明专利数和软件版权数等）：________

7. 贵公司此协同项目完成的新产品、新技术、新工艺的开发数：________

8. 贵公司通过此协同项目实现新注册商标数：________

9. 贵公司通过此协同项目实现新产品销售收入：________

A. 10 万元以下　B. 10 万元 ~20 万元　C. 20 万元 ~50 万元　D. 50 万元 ~100 万元　E. 100 万元以上

10. 贵公司通过此协同项目实现新产品、新工艺、新技术产值：________

A. 10 万元以下　B. 10 万元 ~20 万元　C. 20 万元 ~50 万元　D. 50 万元 ~100 万元　E. 100 万元以上

——本问卷至此全部结束，感谢您的配合！

——再次感谢您的参与！

致 谢

作为一个带孩子的中年妇女，在经历无数次思想斗争，下定决心攻读博士学位后，我满以为自己已经做好了充分的思想准备与论文斗争到底。但现实远比理想残酷，从论文选题、写作到发表，每个环节都把我折腾得心力交瘁，想要放弃的想法在我心中无数次出现。经过这几年读博的磨炼，我在学习方法、为人处世方面都有很多心得和收获，不仅学会了用更严谨的思维方式分析、解决问题，更学会了在困难面前及时调整心态迎难而上。

在博士论文完成之际，我要衷心感谢所有关心爱护我的人。

首先我要衷心感谢我最尊敬的导师曹兴教授。曹老师治学严谨，知识渊博，思维缜密，治学、工作一丝不苟，为人低调谦和，这些品质让我敬佩不已，使我终身受益。感谢老师悉心教导，用多种不同形式的激励方法把我从崩溃边缘解救回来。他亲自主持每月一次的学术交流会，让我们在学习和科研工作中有更好的平台相互探讨，激发灵感，正是在不断的交流讨论中，我逐步明确了研究方向。在论文写作过程中，他更是倾注了大量心血，从一开始选题做不深入，到后来调整研究方向，他始终耐心引导，鼓励我不断前行。师恩永记！

论文研究工作也是在中南大学商学院各位老师们的悉心指导下完成的。老师们及匿名评审专家都对论文提出了许多宝贵意见，为论文写作打下了坚实的基础。

感谢师门同学的帮助及鼓励，正是由于他们热情的鼓励与无私的帮助，才使我在最迷茫的时刻能够找到前进的动力与信心。在师门学术会上与大家的讨论总能碰撞出思想的火花。几年时间里，师门的同学们给予我很多的帮助，使我时刻感受到大家庭的温暖。

感谢我的家人对我的支持和关心！

学无止境，在今后的学习生活中，我将牢记“天道酬勤”，不断前行！

作者

2019 年 7 月